인문학시민강좌 01

인문학,
소통과 공생의 지혜

인하대학교 한국학연구소 편

글로벌콘텐츠

인문학시민강좌 01

인문학, 소통과 공생의 지혜

1판 1쇄 인쇄 ‖ 2010년 07월 10일
1판 1쇄 발행 ‖ 2010년 07월 20일

엮은이 ‖ 인하대학교 한국학연구소
펴낸이 ‖ 홍정표
책임편집 ‖ 김현아
마케팅 ‖ 주재명 노경민
디자인 ‖ 김미미
경영지원 ‖ 조기호 최정임

기 획 ‖ 인하대학교 한국학연구소
주 소 ‖ 인천시 남구 용현동 253번지 한국학연구소 (5남 138호)
전 화 ‖ 032-860-8475
홈페이지 ‖ http://www.inhakoreanology.kr

펴낸곳 ‖ 글로벌콘텐츠
등 록 ‖ 제25100-2008-24호
공급처 ‖ (주)글로벌콘텐츠출판그룹
주 소 ‖ 서울특별시 강동구 길동 349-6 정일빌딩 401호
전 화 ‖ 02-488-3280
팩 스 ‖ 02-488-3281
홈페이지 ‖ http://www.gcbook.co.kr
이메일 ‖ edit@gcbook.co.kr

값 9,800원
ISBN 978-89-93908-13-8 04300
978-89-93908-12-1 (set)

간행사

근대화가 물질적 풍요는 가져다주었지만 그것이 행복한 삶을 동반하고 있는지에 대한 회의가 없지 않습니다. 학문적으로 인문학이 위기에 봉착하고 있음에도 불구하고 사회적으로 수요가 증가하고 있는 것은 인문학이 가치 있는 삶의 길을 찾아줄지도 모른다는 희망이 아직 조금은 남아 있기 때문일 것입니다. 전국적으로 인문학강좌가 크게 늘고 있지만 인천지역에서는 아직 충분치 않다고 생각되어 여기 조그만 자리를 만들었습니다.

인하대학교 한국학연구소는 1986년 설립된 이래 어학·문학·역사·철학·종교·문화를 중심으로 한국학의 제반 학문분야에 대한 연구를 수행해 왔습니다. 2007년부터는 '동아시아 상생과 소통의 한국학Koreanology for East-Asia Community'이라는 아젠다agenda를 가지고 공동연구를 진행하고 있습니다. 한국학 연구의 융합적 방법론을 인문학적 차원에서 모색하는 한편 서구주의와 민족주의의 편향을 피해 동아시아로 우회로를 개척하고 있습니다. 우리의 연구방향은 '동아시아한국학'을 학제적學制的 국제적國際的 연구영역으로서 정립하여 20세기 상쟁相爭의 전장을 벗어나 이웃과 생산적 연대를 맺는 21세기 상생相生의 보금자리를 만드는데 있습니다.

우리 연구소의 이러한 아젠다를 인천지역 시민과 소통하기 위해 연구소의 젊은 연구역량을 모아 2009년 하반기부터 〈인천시민인문학강좌〉를 시작하였습니다. 우리 연구진의 비판적 문제의식을 제시하고 시민과 함께 호흡하면서 인문학의 사회적 소통을 도모하고자 합니다. 인문학의 콘텐츠는 우리 연구소에서 제공하고, 인프라는 인천광역시립박물관에서 마련하고, 시민사회로 확산시키는 일은 경인일보사의 기획보도를 통해 진행하는 등 시민강좌 운영을 위해 세 기관은 유기적으로 협조하고 있습니다. 이 자리를 빌어 장성욱 인천광역시립박물관장님, 박영복 경인일보사장님께 감사를 드립니다. 또한 강좌를 기획한 우리 연구소 이희환 연구교수와 운영에 애써준 인천광역시립박물관 배성수 과장, 안성희 학예사의 노고를 치하합니다.

앞으로 〈인천시민인문학강좌〉는 인문학일반, 동아시

아학, 한국학, 인천학 등 크게 네 분야에서 세부주제를 선정하여 1년에 두 차례 교대로 개최합니다. 강좌의 결과는 우리 연구소에서 〈인문학시민강좌〉 시리즈로 출판하여 보다 많은 시민들과 함께 나누고자 합니다. '인천－한반도－동아시아－세계'를 잇는 시민적 교양의 너른 마당이 되기를 기대합니다. 인천시민 여러분들의 적극적인 관심과 질정을 바랍니다.

2010년 7월
인하대학교 한국학연구소장
이 영 호

목 차

인문학, 전통과 현대

윤승준

방법적 측면에서 인문학은 적어도 두 가지 특징을 지닌 것이라고 할 수 있다. 인간 세계는 참으로 다양해서 각 집단과 그들의 문화가 상이하므로 연구 대상의 개성이나 고유의 특성을 존중하는 열린 접근방식이라야 한다는 점, 인간에 의한 인간 및 그의 정신적 산물에 대한 탐구인 만큼 다중적 상호 소통이 필연적이라는 점이 그것이다. 말하자면 포용과 적극적인 대화가 곧 인문학의 주된 방법인 셈이다.

윤승준

서울대학교 인문대학 서양사학과 졸업 후 프랑스 파리 4대학교[소르본] 대학원에서 수학하였다.(D.E.A. 2년 수료) 지은 책으로 『하룻밤에 읽는 유럽사』, 『인문학과 현대문화』(공저) 등이 있다. 현재 인하대학교 사학 전공 교수 겸 인하대학교박물관장으로 재직하면서 '역사의 대중화'에 관심을 기울이고 있다.

인문학, 전통과 현대

인문학의 정체正體

인문학이란 무엇인가? 사전에 소개되고 있는 인문학은 대략 이렇다: 정치·경제·사회·역사·학예 등 널리 인류 문화에 관한 정신 과학의 총칭;[1] 인간과 인류문화에 관한 정신과학을 통틀어 이르는 말, 인간과 인간의 문화에 관심을 갖거나 인간의 가치와 인간만이 지닌 자기표현 능력을 바르게 이해하기 위한 과학적인 연구 방법에 관심을 갖는 학문 분야.[2] 한 국어사전의 설명은 문법상 좀 어색하지만, 여하튼 사전적 정의에 따를 때 인문학은 인간 그리고 그의 문화에 대해 탐구하는 정신적 활동으로 요약할 수 있다.

왜 인문학을 하는가? 인문학도 지식을 추구하는 행위

1 『엣센스 국어사전』, 민중서림.

2 『두산백과사전』.

의 하나이므로 이와 관련해서는 고대 그리스의 대학자 아리스토텔레스(BC 384~BC 322?)의 『형이상학Metaphysica』 제1권의 설명을 상기하는 것이 적절할 듯하다. 그에 따르면 학문의 단초는 '놀라움'에 있다. 유형의 것이든 무형의 것이든 사람이 뭔가를 접했을 때 아무런 감흥이 없으면 그냥 지나치게 마련이지만, 더러는 평소와 다른 느낌을 받고 이상하게 여기기도 한다. 이때 사람들은 의문을 품거나 호기심을 갖게 되며, 동시에 스스로의 무지를 깨닫고 그로부터 벗어나고픈 욕망도 생기게 된다. 그리하여 '놀라움'을 준 대상을 유심히 바라보고 숙고한 결과, 새로운 앎(지知)에 이르게 된다는 것이다. 인문학의 경우도 예외가 아닐 것이다. 사람보다 더 경이로운 것은 없다! 세상의 그 누구도 다른 이와 똑같지 않다. 인간은 예외 없이 서로 다르며, 따라서 낯설게 보일 수 있고 호기심을 자극할 수도 있다. 또 사람들이 일구어낸 문화들이란 얼마나 흥미롭고 다양한가! 인간과 그 문화는 실로 놀라움 그 자체이며, 아직도 알려지지 않은 것이 너무도 많다. 우리는 여전히 모르는 것투성이인 우리들 자신에 대해, 그리고 우리 인간의 정신적 지적 산물에 대해 좀 더 알고 싶어서 인문학을 하는 것이다.

그것으로 충분한가? 아리스토텔레스는 그렇게 보았다.

스승 소크라테스(BC 470?~BC 399)의 정신을 충실하게 받들었던 그에게 철학philosophia이란 곧 앎sophia(지혜)을 그 자체로서 사랑하는philo 것이었다. 시기적으로 100년 가량 앞서 살았던 동양의 공자孔子(BC 6C 중엽~BC 5C 말)도 일찍이 이와 유사한 생각을 내비친 적이 있다. 『논어論語』에 보면, 옛날에는 스스로의 깨달음을 위해 공부를 했는데 요즘은 남에게 내보이려고 공부한다고 당시의 학문 풍토를 넌지시 꾸짖는 대목이 나오는 것이다.[3] 물론 이러한 관점에 일리가 없는 것은 아니다. 세속적 이해관계나 쓸데없는 잡념을 떨치고 학문에 정진하는 것, 그리하여 미처 몰랐던 것을 알게 되었을 때 느끼는 희열이나 겉으로만 알고 있던 성현의 가르침의 참뜻을 깨달았을 때 얻는 뿌듯함 모두 그 나름의 의미가 크다. 하지만 지식 활동이 순전히 개인 단독으로 원만하게 이루어질 수 있는 것일까? 설령 그렇다고 해도, 그 성과물이 개인 차원에 머물러야 할까? 반드시 그럴 필요는 없으며, 오히려 그래선 안 된다고 본다. 인문학 역시 사회적으로 쓸모가 있을 때 한층 더 의미가 있을 것이다. 어떤 이들은 인문학이 순수학문이라거나 인문학자는 세상물정에 신경 쓰지 말고 고

3 『논어』「헌문(憲問)」: 古之學者爲己 今之學者爲人.

고한 자세를 견지해야 한다고 말한다. 인문학 연구자로서 본분을 망각하거나 잘 알지도 못하는 일에 주제넘게 나서는 것은 마땅히 삼가야 할 터이나, 그렇다고 세부 전공에 매몰되고 스스로를 상아탑에 가두는 것 역시 바람직하지 않다. 자고로 인간은 사회적 동물이기 때문이다. 소크라테스와 그 제자들은 조국 아테네의 전통과 관습과 종교, 특히 폴리스의 공동체 질서 유지를 위해 신진 지식인 집단인 소피스트들을 견제하고자 하였다. 공자 역시 자신이 이상으로 삼았던 고래의 사회상이 신흥 사족士族에 의해 훼손되고 있는 것으로 판단하고 비판을 가하였다. 그러나 실제에 있어 학문을 널리 진작하고 그 성과를 더 많은 사람들에게 전파한, 그럼으로써 인문학의 위상과 중요성을 고양한 주인공은 바로 소피스트들과 사족이 아니었을까? 인문학도 그 나름의 실용성을 지니고 있으며, 지적 욕구의 충족이 주는 기쁨과 아울러 이를 넘어선 고유의 사회적 기능과 역할을 담당하고 있는 것이다.

인문학, 어떻게 할 것인가? 인문학은 비非인간계를 다루는 자연과학과는 연구 대상이 판이하므로 그 방법 또한 다를 수밖에 없다. 이와 관련하여 '생生의 철학'의 창시자로서 정신과학을 내세운 딜타이W. Dilthey(1833~1911)는 인식주체와 인식대상 간의 내면적 관계에 주목할 것을 제안한 바 있다.[4] 인문학으로 대표되는 정신과학의 모든 대상과 그 연구자는 공통적으로 생leben을 근원으로 하며, 끊임없이 내적 연관을 지니고 상호작용을 하게 마련이라는 것이 그의 견해다. 말하자면, 인문학은 (타인들의) 정신활동에 대한 (연구자의) 정신활동인데, 그 기저에는 인간으로서 공유하는 생의 체험이 있다는 것이다. 이러한 전제 하에 그는 '이해verstehen'라는 방법을 제시하였다. 이는 "타자 속에서 나를 재발견하는 것" 즉 타자의 정신생활 속에 자기 자신을 옮겨 놓고 그것을 추체험追體驗하고 재구성하는 것으로, 이는 정신의 전체성(인간 세계는 곧 정신적 세계이다!) 그리고 인간 정신의 동일성에 의해 충분히 가능할 것으로 여겨졌다. 한편 신新칸트학파 철학자 리케르트H. Rickert(1863~1936)는 문화가치 및 상호연관성을 고려한 개별화個別化를 강조하였다. 그는 문화산물kulturproduckt을 다루는 문화과학과 자연산물을 다루는 자연과학을 구분한 다음, 인문학을 비롯한 문화과학의 방법론적 특징을 개별화에 기초한 해석에서 찾았다. 이는 인간 또는 문화와 같이 일회적이고 특수한 것을 다룸에 있어, 일반화에 의존하는 자연과학이 그것들을 널리 인정되는 보편적 개념 즉 법칙에 포섭하고 종속시키는

4 이하의 리케르트와 딜타이에 관한 논의는 민석홍, 「역사인식과 역사세계의 구조—리케르트와 딜타이를 중심으로」, 『서양근대사연구』, 일조각, 1975 참조.

것과는 반대로, 그 각각을 고유의 개별성 자체로서 파악하는 것을 의미한다. 이러한 견해들을 참조할 때 방법적 측면에서 인문학은 적어도 두 가지 특징을 지닌 것이라고 할 수 있다. 인간 세계는 참으로 다양해서 각 집단과 그들의 문화가 상이하므로 연구 대상의 개성이나 고유의 특성을 존중하는 열린 접근방식이라야 한다는 점, 인간에 의한 인간 및 그의 정신적 산물에 대한 탐구인 만큼 다중적 상호 소통이 필연적이라는 점이 그것이다. 말하자면 포용과 적극적인 대화가 곧 인문학의 주된 방법인 셈이다.

이제까지 간략히 살펴본 인문학의 정의와 존재의의 그리고 방법 등을 두루 고려할 때, 그 지적 활동의 기본 정신은 다음과 같이 정리될 수 있겠다.

첫째는 휴머니즘이다. 인문학이 인간에 관한 연구이므로 당연한 말이겠지만, 여기서 각별히 강조되어야 할 것은 동류인 인간에 대한 사랑이라고 할 수 있다. 우리가 인간에 대해 더 많이 알고자 하는 것은 단순한 호기심의 해소를 위한 것만이 아니다. 그것은 궁극적으로 스스로를 좀 더 정확하게 파악하고(자기 발견), 그럼으로써 하나뿐인 자기 고유의 삶을 한층 더 풍요롭고 의미 있게 영위하기 위한 것이다(자아 실현). 인류애, 인간에 대한 애정과 관심이 없이 어떻게 다른 사람을 이해할 수 있을 것인가.

보편적 인류애에 기초한 인본주의 혹은 인간중심주의야말로 올바른 인문학의 전제 조건인 것이다.

둘째는 관용주의다. 인간 집단과 그 문화는 실로 다양하며, 고유의 전통과 개성을 지닌다. 상이성이야말로 각 인간 사회와 그 문화에 내재하는 본질인 것이다. 따라서 인종이나 민족, 국적 또는 거주 지역, 신분 등을 달리하는 사람들에 대한 동등한 인격체로서의 이해와 배려 그리고 타문화에 대한 있는 그대로의 존중이 필요하다. 유감스럽게도 이러한 관용주의는 역사가 매우 일천하며, 오늘날에도 충분히 정착되었다고 말하기 어렵다. 하지만 분명한 사실은 타자에 대한 차별과 비하, 폐쇄적 태도와 배타성이 지배할 때는 인문학도 제대로 발달하지 못했다는 점이다. 그런 상황에서는 사람들의 정신 상태가 편협해지고 시각 또한 왜곡될 수밖에 없기 때문이다. 이 점과 관련해서 빼놓을 수 없는 조건 내지 자질을 하나 꼽자면 자유라 하겠다. 인문학자는 자유로운 정신의 소유자이다. 정신적 자유가 보장되고 맘껏 발휘될 때 비로소 그는 자신이 속한 사회의 인습과 편견에서 벗어나고 그럼으로써 인간과 문화 일반에 대해 객관적이고도 공정한 관찰, 분석, 서술을 할 수 있게 되는 것이다. 베이컨Bacon, F.이 말하는 이른바 '동굴의 우상' 타파를 가능케 하는 정신의 자유분방함이야말로 인문학의 기본 토대인 것이다.

셋째는 실용주의인데, 우리 사회에서는 인문학의 미덕과 관련하여 그동안 지나치게 간과한 측면이 아닐까 한다. 어떤 학술 활동이든 간에 사람들에게 뭔가 도움을 주어야 마땅하며, 인문학도 그 나름의 실용성을 갖춰야 한다. 그것은 눈에 번쩍 띄는 것이 아니며 육체적 쾌락과도 거리가 멀다. 인문학적 실용주의는 지적, 문화적 효용을 조용하게 지향하는 것이다. 다시 말해서, 연구자마다 정도의 차이는 있겠지만, 동료 학자나 일반 대중 등의 다른 사람들과 공유되어 전반적인 지식수준을 높이고 문화의 질을 향상시킴으로써 즐거움과 보람을 줄 수 있는 그런 고차원적 실용성을 말한다.

전통 속의 인문학

인문학은 오랜 연원을 갖는다. 그 전통은 동양과 서양을 막론하고 고대 이래 면면히 이어져오고 있으며, 이 과정에서 이런저런 변화를 겪기도 하였다. 여기서는 앞서 소개된 인문학의 기본 정신을 중심으로 그 역사의 몇 가지 주요 장면을 회고해 보기로 한다.

동양의 인문학 전통

동양의 인문학적 전통을 언급하고자 한다면 누구나 중국 고전古典을 떠올리게 마련일 것이며, 이내 공자라는 거성과 "학이시습지學而時習之"로 시작하는 유가儒家의 대표작 『논어』를 연상하게 된다. 우리 사회에서 유학이 갖는 무형의 영향력이 오늘날까지도 적지 않음을 상기할 때, 이는 어찌 보면 자연스런 일이다. 그렇다면 공자가 동아시아 세계 최초의 인문학자인가? 자료상으로는 그렇다고 할 수 있다. 하지만 좀 더 폭넓게 보자면 '공자와 그의 제자들'이 동양 인문학 전통의 시발점에 서 있다고 하는 것이 적절할 듯싶다. 공자가 말년에 이르러 『시경』, 『서경』 등의 이른바 육경六經을 편찬한 것은 사실로 추측되지만, 공자의 경험적, 창의적 사상을 집약했다고 평가되는 『논어』 편찬은 본인이 아니라 그의 제자들에 의해 이루어졌기 때문이다.

이러한 동양 인문학의 시발과 관련하여 눈여겨 봐두어야 할 핵심 개념의 하나로 '사士'를 꼽을 수 있다. 이 말은 우리 사회에서 진작부터 '선비'를 가리키는 것으로 이해되어 왔지만, 공자가 살던 춘추전국시대에는 좀 달랐던 듯하다. 천자天子, 즉 주周 왕 밑에 제후(왕)들이 있고 각 제후 아래 각기 일정 지역을 식읍食邑으로 할당받아서 다스리는 대부大夫가 있었는데, '사'는 바로 그 지방통치자와 서인庶人, 즉 일반 백성 사이에 위치하는 신흥 계층이었다. 이들은 식읍이 없으므로 귀족이라 할 수 없었으며, 그렇다고 직접 농사일을 하는 서인도 아니었다. 다만 글을 읽고 쓸 줄 아는 당시의 지식인 집단으로서 다양한 직위의 관리 역할을 하였다. 말하자면 나라의 녹봉을 받는 식자 출신의 현직 혹은 예비 행정전문가 계층이라고 할 수 있는데, 공자와 그의 상당수 제자들을 포함하여 이른바 제자백가諸子百家로 불리게 되는 당대의 많은 학자들도 여기에 속했다.

그렇다고 '사'가 모두 인문학 연구를 지향하거나 실제 수행했던 것은 아니다. 그렇게 하려면 무엇보다도 인문학적 심성이 필요했을 터인데, 현실 정치에 관여하거나 행정 실무로 분주한 사족의 경우에는 사실상 기대되기 어려운 것이었다. 일정 수준의 문화 일반에 공통적으로 전제되는 시간적 여유라는 요소가 대체로 결여될 수밖에 없었기 때문이다.

동양의 인문학 원조로서 공자가 지닌 면모는 바로 이 장면에서 드러났다고 할 수 있다. 많은 식자들 사이에서 학문적 자극과 동기를 정성스레 제공한 존재가 바로 그였던 것이다. 공자가 보기에 그들은, 설령 나름의 정치적 신념과 사회적 목표를 지녔다손 치더라도, 거의 예외 없이 소인小人에 불과하였다. 인의예지仁義禮智로 대변되는 인간의 도리를 지키고 드높이기는커녕 눈앞의 조그만 사리사욕에 눈이 멀어 학인學人으로서의 당연한 의무를 저버리고 있다는 것이다. 이제 '사'는 소인배의 굴레에서 벗어나 군자君子로 거듭나지 않으면 안 된다는 것이 공자의 생각이었다. 이러한 판단에서 공자는 끊임없이 가르침을 설파하는 동시에, 순탄치 않았던 자신의 공직생활이 반증하듯이, 몸소 도道를 추구하고 실천하는 군자의 상을 내보였던 것이다. 이러한 노력에 힘입어 적지 않은 사족이 단순한 지식전문가에서 선비로 서서히 변신해갔다고 할 수 있는데, 후대의 맹자로 이어지는 공자의 가르침과 거기에 내재된 인문학 정신을 우리는 그 제자들이 편찬한 『논어』의 몇몇 구절에서 엿볼 수 있다.

먼저 공자의 휴머니즘을 보여주는 대목들부터 살펴보자. 공자의 수제자 이름을 따서 붙인 「안연顔淵」편에 이런 구절이 있다: "子貢問政 子曰 足食 足兵 民信之矣 子貢曰 必不得已而去 於斯三者何先 曰 去兵 子貢曰 必不得已而去 於斯二者何先 曰 去食 自古皆有死 民無信不立". 자공이란 제자가 정치에 관해 묻자 공자는 식량과 군사를 충분히 갖추고 백성의 믿음을 얻는 것이라 말했는데, 그 셋

가운데 가장 중요한 것은 세 번째 것(民信)이라고 답했다는 내용이다. 요즘 말로 하자면 경제와 국방보다 국민의 신뢰가 우선적이라는 뜻이다. 그 이유는 "백성의 믿음이 없으면 정치가 설 수 없다[民無信不立]"는 데 있다. 이러한 민본民本 사상은 인본주의와 통하는 것으로 해석될 수 있다. 이와 아울러 우리는 「향당鄕黨」편에서 인간을 사랑하는 공자의 마음을 읽을 수 있다. "廐焚. 子退朝曰 傷人乎 不問馬"란 구절이 그것으로, "마굿간에 불이 났는데, 공자께서 조정에서 돌아와 말씀하시길 '사람이 다치지는 않았느냐?' 하시고, 말에 대해서는 묻지 않으셨다"는 내용이다. 공자가 제후의 부름을 받아 공직에 있을 때 벌어진 일로, 당시 말은 매우 비싼 가축이었다. 공자가 그리 부유한 편은 못 되었을 텐데도 그 말이 상하거나 마굿간이 불탄 것에 대해서는 전혀 힐책하지 않고 오직 인명을 걱정하였던 것이다. 인간중심주의의 역사는 동양에서 이처럼 오랜 것이라 하겠다.

관용의 정신을 보여주는 면에서도 공자는 선구적이었다. 도道에 대한 공자의 가르침과 관련하여 「이인里人」편에 소개된 제자 증삼曾參의 증언에 따르면 "선생님의 도는 오직 충과 서[夫子之道 忠恕而已矣]"라고 한다. 충서忠恕, 즉 온몸을 다하는 성실한 마음가짐으로 남도 자기 몸처럼 대하는 것, 다시 말하면 제 몸을 아끼는 바로 그 마음으로 남을 배려하는 것이 공자가 추구한 길이었다는 것이다. 관용주의와 일맥상통하는 이러한 심성은 「위령공衛靈公」편에서도 언급되고 있다. "평생 실천해야 할 것을 한마디로[有一言而可以終身行之者乎]" 말씀해 달라는 제자 자공의 부탁에 공자는 이렇게 대답했다: "그것은 서恕다. 자기가 원하지 않는 것을 남에게 베풀지 말라[其恕乎! 己所不欲 勿施於人]". 자기만 소중히 여기고 내세울 것이 아니라 스스로를 미루어 남을 헤아릴 줄 알라! 더불어 살아가는 세상살이의 가장 중요한 지혜인 이 서恕는 공자가 이상적 인간형으로 상정한 군자君子의 최우선적 덕목으로, 우리가 잘 아는 유교의 핵심적 가르침인 인仁과 다를 바 없는 것이었다.

끝으로, 공자 역시 학문의 실용적 측면을 배제하지 않았음을 상기할 필요가 있다. 그가 제자들에게 한눈팔지 말고 열심히 공부하라고 종종 타일렀던 것은 익히 알려진 사실이지만, 그렇다고 글 읽는 일에만 매몰되어야 한다고 가르친 것은 아니었다. 공자는 학자로서의 실천을 여러 차례 강조하였던 것이다. 군자에 관한 물음에 "말하고자 하는 바를 먼저 행하는 것"[5]이라거나, "군자는 말이

5 『논어』「위정(爲政)」: 子貢問君子, 子曰 先行其言 以後從之.

행동보다 앞서는 것을 부끄럽게 여긴다"[6]는 공자의 대답은 하나 같이 행동을 강조하는 것이다. "아는 것은 좋아하는 것만 못하고, 좋아하는 것은 즐기는(행하는) 것만 못하다"[7]라는 구절처럼 그러한 지행합일知行合一의 실천 정신을 강조하는 가르침은 그 외에도 많은데, "배우고 적절한 때에 이를 실천하면 어찌 기쁘지 아니한가[學而時習之 不亦說乎]"라는 풀이도 가능한 「학이學而」편 첫 구절도 여기에 속한다고 할 수 있다.

공자의 가르침은 긴 세월을 지나 고려 말기에 본격적으로 우리에게 알려지고 학술적으로 수용되었으며, 조선시대에 들어와서는 일종의 통치이념으로까지 격상되기에 이르렀다. 특히 과거제도 실시에 따라 지배층에 속하는 양반은 물론, 일부 평민들까지 글공부를 하게 되면서 동양 인문학의 저변이 대거 확대되는 양상을 타나냈다. 과거 급제를 통한 입신양명을 꿈꿨던 이들 식자층은 대개 어린 시절 서당에서 기초를 닦고 청소년기에는 서울의 사학四學이나 지방의 향교鄕校에 들어가 공부하였다. 그 후 운이 좋아 과거의 소과小科에 합격하면 상위 교육기관인 성균관成均館에 입학하여 학업을 계속하기도 하였다. 이

6 『논어』「헌문(憲問)」: 君子恥其言而過其行.

7 『논어』「옹야(雍也)」: 知之者 不如好之者 好之者 不如樂之者.

렇게 각급 교육기관을 설치하고 유학을 널리 탐구함에 따라 조선시대에는 인문학이 큰 활기를 띠었다. 특히 오늘날의 인문학 기본 구조인 문文·사史·철哲에 해당하는 경經·사史·문文이 중시되었는데, 이 세 분야는 오늘날처럼 별개의 것이 아니라 유기적으로 통합된 하나의 학문 체계를 이루었다. 이로써 성리학을 근간으로 하는 인문학이 왕에서 일반 백성에 이르는 모든 이들에게 그 나름의 인간다운 삶의 지침과 바람직한 상을 제시할 수 있게 되었다.

동양사상가로서 오늘날에도 국내외적으로 큰 조명을 받고 있는 퇴계 이황(1501~1570)이나 율곡 이이(1536~1584) 같은 거유巨儒가 출현할 수 있었던 것은 바로 그러한 학술적 풍토 덕분이었다. 이러한 전통은 이후에도 계속 이어져 조선 후기에 실학實學이라는 대대적인 학예 부흥을 가능케 하였다. 각별히 학문의 실용성을 강조하는 일군의 신형 인문학자, 즉 실학자들이 출현한 것이다. 경세치용經世致用을 내세우며 경제제도와 행정조직의 개혁을 부르짖은 유형원(1622~1673)과 이익(1681~1763), 이용후생利用厚生의 기치를 내걸고 상공업 진흥과 생산기술 혁신을 도모했던 박지원(1737~1805), 실사구시實事求是의 정신을 설파하며 각종 전래 문헌의 고증에 매진했던 김정희(1786~1856),

『목민심서』와 『경세유표』 등의 저작을 통해 중앙 정치와 지방 행정의 쇄신, 토지와 수확물의 공평한 분배, 노비제 폐지 등의 혁신적 주장을 폈던 정약용(1762~1836) 등이 그 대표적인 인물이다.

서양의 인문학 전통

서양의 인문학도 동양 못지않게 깊은 전통을 지니고 있다. 실은 우리가 오늘날 쓰고 있는 '인문학'이란 말 자체가 대개 휴매니티즈humanities라고 하는 서양 단어에서 유래한 것인데, 이는 본시 '인간다움'을 뜻하는 라틴어로서 고대 로마의 키케로Cicero(BC 106~BC 43)가 처음 학술 관련 용어로 쓴 후마니타스humanitas가 여러 단계를 거쳐 먼 훗날 영어로 옮겨지게 된 것이다. 그렇다고 서양의 인문학 전통이 로마제국에서 비롯된 것은 아니다. 그 기원은 더 멀리, 기원전 5세기 중엽의 고대 그리스까지 거슬러 올라간다.

그 최초의 주역은 크게 두 그룹으로 나뉜다. 하나는 프로타고라스Protagoras(BC 480~BC 410)로 대표되는 소피스트sophist 학파이고, 또 하나는 소크라테스와 그의 제자들로 구성된 소크라테스 학파이다. 서양의 인문학은 이 두 그룹이 경쟁적으로 연구·교육 활동을 전개하면서 서서히 형성되기 시작했다고 볼 수 있는 것이다.

지혜sophia를 가진 사람이란 의미의 소피스트는 그리스·페르샤 전쟁 이후 등장한 신형 지식인이다. 이들은 우주만물의 궁극적 근원을 탐구했던 서양 최초의 학자 집단인 '이오니아Ionia의 자연철학자들' 즉 이오니아 학파와는 달리 시선을 인간 사회와 개인에 집중하였다. 그리하여 변화된 시대 조류에 부응하는 인간중심적, 개인주의적 가치관을 옹호하는 한편, 학문의 사회적 실용성을 강조하게 되었다. 자연히 이들은 논리학, 수사학, 웅변술 등의 분야에서 뛰어난 재능을 발휘하였는데, 이것들은 당시 새로운 학문이었다. 소피스트들은 특히 집단교육을 통해 청소년들의 인문학적 소양을 계발해줌으로써 서양 고대의 지식과 문화 수준이 획기적으로 제고되는 주요 계기를 마련하였다. 이때 중심적 매개체 기능을 한 것은 파이데이아παιδεία; paedeia/paideia였다. 원래 '교육하다'라는 의미의 이것은 "문화를 두루 가르치기 위해 고안된 아테네의 교육 체계"를 가리키는 것로, 수사학·문법·산수·음악·철학·지리·자연사·체육 등의 과목으로 구성되어 있었다. 파이데이아는, 고대 민주제의 경우와 마찬가지로, 그리스의 폴리스들 가운데 가장 선진적이고 규모도 컸던 아테네로부터 주위 도시국가들로 확산되었다.

소피스트들은 이렇게 해서 본격화된 인문학의 발전 및 저변 확대 과정에서 핵심적 역할을 수행하였다. 이들은 "인간이 만물의 척도"라고 하는 프로타고라스의 가르침에 충실했지만, 그렇다고 파이데이아 교육과정을 편협하게 운영하지 않았다. 청소년들을 공공생활에 적절히 적응할 수 있도록 훈육한다는 실용적 목표를 추구하는 가운데에도 그들은 인간 본연의 품성과 품위 있는 시민으로서의 교양을 고취하는 데에 게을리 하지 않았다. 당시 학생들이 "너 자신을 알라!"라거나 "지나치지 말지어다!(과유불급過猶不及)" 같은 교훈을 입에 달고 다녔다고 하는 전언이 그러한 단면을 보여준다. 여하튼 이렇게 해서 소피스트들은 인간중심주의라는 새로운 가치관을 기초로 '철학자'의 눈을 신과 우주로부터 세속적 인간 세계, 나아가 개별 인간 쪽으로 돌려놓았다. 그리고 그때까지 으레 최고의 가치를 지닌 것으로 상정되었던 보편적 진리라든가 불변의 공동체, 전래의 종교보다는 진리의 상대성과 자유로운 개인 그리고 그들 각자의 실제적 이익을 앞세웠다. 이는 근대적 의미의 개인주의 및 휴머니즘과 별로 다르지 않은 것으로, 이 점에서 소피스트들은 르네상스 시대 인문학자들과 18세기 계몽사상가들의 선구였다고 할 수 있다.

하지만 같은 시기에 소크라테스는 전혀 다른 생각을 갖고 있었다. 청소년들이 소피스트의 가르침에 열중하는 현상에 대해 그는 적지 않은 우려와 경계심을 드러냈던 것이다. 특히 소피스트들은 위험한 존재로서 마땅히 비난받아야 했다. 그리스 전래의 도덕과 윤리에 비추어 볼 때 그들은 반反사회적 선동자에 가깝다고 인식되었기 때문이다. 소피스트들에 대한 소크라테스의 이러한 부정적 시각은 당시 사회가 폴리스라는 도시국가 공동체로 구성되어 있었던 점을 상기한다면 어렵지 않게 이해될 수 있다. 소피스트들의 상대주의적 가치관과 개인중심주의 성향은 종교적 진리를 숭상하고 공동체의 이익을 우위에 두는 유서 깊은 전통에 어긋나는 것으로서 예비 시민층인 청소년들에게 해로운 영향을 미칠 소지가 사실 적지 않았던 것이다. 이 위험성을 일찍이 간파하고 소피스트의 득세를 막기 위해 분투한 철학자가 소크라테스였다. 그는 신神, 공동체, 정의, 진리 등 개인을 초월하는 가치, 보편적이고 절대적인 본성을 지닌 가치가 분명히 존재한다고 확신했으며, 이러한 신념 위에서 거리를 떠돌며 그 유명한 문답식 교육을 외롭게 전개하였다. 그는 '궤변가' 소피스트들과의 정면대결도 마다하지 않았으며, 아무런 답변도 하지 못할 때까지 끊임없이 질문을 던지는 방식으로 상대의 무지와 진리 탐구의 필요성을 변증辨證하였다. 이때 그가 빈번하게 상기시켰던 구절이 바로 델피의 아폴로 신전에 새겨진 유명한 격언 "너 자신을 알라"였다고 한다.

이러한 활동을 통해 소크라테스는 그 나름의 상이한 방식으로 고전고대 인문학의 초기 발전에 공헌하였으며, 그의 사후 소피스트들과의 투쟁을 포함한 인문학 과업은 출중한 제자 플라톤(BC 429~BC 347?)과 아리스토텔레스에 의해 차례로 계승되었다. 플라톤은 아무 저술도 남기지 않은 스승 소크라테스의 가르침을 편찬하는 한편, '학문의 전당' 아카데미아를 설립하고 이곳을 거점으로 치열한 반反상대주의 투쟁을 전개하였다. 또 아리스토텔레스는 관찰과 실험이라는 혁신적인 경험주의 방법을 창안하여 기존의 형이상학적 연구가 지녔던 한계를 극복함으로써 인문학은 물론, 사회·자연 과학과 문화, 예술 등 광범위한 분야에 걸쳐 서양 학문의 중요한 토대를 구축하였다.

고대 그리스의 인문학 전통은 로마에 의해 계승되었는데, 그 대표적 성과물은 후마니타스humanitas로 요약될 수 있다. 본시 이 용어는 문인이자 철학자였던 키케로가 이상적인 웅변가를 양성하기 위한 교육과정을 묘사하기 위해 쓴 말로, 실제로 그는 기원전 55년 '데 오라토레De

Oratore'란 이름의 웅변학교를 열었다. 유명 정치가이기도 했던 그가 보기에 웅변가는 자연히 공직 활동과 연관성을 지닐 수밖에 없었다. 따라서 거기에 적합한 여러 가지 덕성을 갖출 필요가 있었는데, 이는 무엇보다도 "좋은 글bonae litterae; good letters" 특히 시를 비롯한 고전문헌을 공부함으로써 획득될 수 있다고 여겨졌다. 나아가 그는 이 공부를 통해 일반인들도 누구나 인품을 고양하고 다양한 즐거움을 얻을 수 있을 것이라고 설파하였다. 키케로는 비록 '독재자' 카이사르에 의해 정계 추방 당하는 불운을 겪게 되지만, 그의 이러한 생각은 '폭군' 네로에 의해 사실상 자살을 강요당한 스토아철학자 세네카(BC 4?~AD 65)를 비롯한 많은 사회지도층의 호응을 받게 되었다. 그리하여 후마니타스는 서양 고전고대古典古代; classical antiquity 즉 고대 그리스·로마 전성기의 문예에 대한 연구라고 하는 의미를 부여받게 되었다.

결국, 서양의 인문학은 고대시대의 대표적 교육과정인 그리스의 파이데이아와 로마의 후마니타스에 의해 기본 형태를 갖추게 되었던 셈인데, 그것이 하나의 뚜렷한 전통으로 굳어지게 된 계기로는 자유칠과自由七科; artes liberales/seven liberal srts 혹은 7자유과가 정착되었다는 점을 꼽을 수 있다. 고전고대의 인문학 발전 과정에서 가장 두드러진

성과 가운데 하나인 이것은 기초 과목을 일컫는 삼학三學; trivium과 부가적 성격의 사과四科; quadrivium의 통합으로 얻어진 결실이었다. 삼학은 문법(그리스어, 라틴어, 고전문학), 수사학(쓰기·말하기, 공문서 작성, 역사·법률), 논리학(변증법)으로, 사과는 산술, 기하학(유클리드기하학, 지리, 박물학), 천문학(천체관측, 점성술), 음악(성가작법, 가창법, 음악사·음악이론)으로 각각 구성되었다. 로마시대를 거치면서 서서히 공고화된 이 교육과정에 자유liberale란 형용사가 붙여진 것은 그 교과목들이 원래 '자유인' 즉 노예나 외국인을 제외한 법적 시민에게 어울리는 교양, 시민이라면 마땅히 배워 익혀야 할 지식으로 간주되었기 때문이었다. 그러나 시간이 지나면서 그것은 점차 직업적 실용성과는 무관하게 시민으로서 '자유롭게' 다양한 지식을 접하고 문화적 소양을 키우는 학문을 통칭하게 되었다.

자유칠과는 기독교가 지배하는 중세시대에도 명맥을 유지하였다. 물론 신학이 압도적인 중요성을 띠긴 했지만, 성聖 아우구스티누스(354~430)를 비롯한 초기 교부들이 그 교육과정을 신학연구의 예비적, 보조적 수단으로 유익하다고 여겼기 때문이다. 이러한 효용을 인정받아 그것은 11세기 초 등장한 성당학교들에서 일부 채택되었으며, 12세기 말부터는 중세대학의 교양과정으로 자리를 잡았다. 이로써 '자유' 과목은 점차 '교양' 과목과 동일시되게 되었다. 한편, 르네상스 시대에 와서는 로마제정기의 후마니타스 개념이 새삼스레 각광받는 현상이 나타났다. 이탈리아 르네상스 초기의 대표적 인물 중 하나인 시인 페트라르카를 필두로 우마니스티umanisti라 불리는 일군의 고전연구자들이 중세 이후 오랫동안 망각되었던 키케로의 후마니타스를 새로운 유형의 학문, 즉 고전연구로서의 인간학 내지 인문학studia humanitatis으로 부활시킨 것이다. 이 시기의 주된 관심사는 문법, 수사학, 시학, 역사, 윤리학 등이었다.

중세대학의 교과과정에서 '교양'과 같은 뜻으로 굳어졌던 '자유'는 계몽주의 시대를 거치면서 다시 의미 변전을 겪었다. 고대 그리스·로마처럼 학문 주체의 자격과 연관짓거나 중세시대 같이 교육의 간접적 효과를 중심에 두는 전래의 용법으로부터 낡은 편견이나 부당한 억압, 직업이나 현실정치와 관련된 강박적 목적의식 등에서 해방되어 문자 그대로 자유롭게 사유한다는 측면이 부각되기에 이른 것이다. 다시 말해서, 학문하는 자세라든가 환경적 분위기를 중시하는 쪽으로 뉘앙스가 바뀌게 되었다. 이는 어쩌면 중세에서 근대로의 이행이라고 하는 거대한 역사적 격변의 자연스런 결과처럼 비칠지도 모른다. 히지만 그것은 무엇보다도 근대의 인문주의 선각자들의 노고에 힘입은 것으로 이해되어야 마땅하다. 특히 광신을 극도로 혐오하고 세계평화와 보편적 인류애를 역설했던 근대 최고의 인문주의자 에라스무스(1466?~1536) 그리고 그의 "어디에도 종속되지 않는 자유인" 정신을 이어받은 대표적 계몽사상가 볼테르와 그를 '왕王'으로 추앙하며 따랐던 많은 필로조프들의 인문학적 휴머니즘이 결정적 영향을 미쳤을 것이다. 오늘날 우리가 인문학에서 먼저 '자유로움'을 떠올리는 것도 바로 그 맥락과 닿아 있는 것이다. 자유가 배제된 인문학은 사실 상상조차 할 수 없는 일이다.

인문학과 현대생활

작금의 매스컴 보도를 살펴보면 한동안 떠들썩하던 '인문학의 위기'란 게 과연 있기는 했던 것인가 하는 느낌이 들 때가 간혹 있다. 「인문대? 법대 전과 위한 수단이죠」라는 서울대학교 『대학신문』의 2007년 3월 초 특집기사 제목이 웅변하듯, '인문'이란 글자가 들어간 학부나 단과대학이 전국 어디서나 유형무형의 압박을 받아 어려운 처지에 있는 것은 사실이다. 하지만 이처럼 암울한 대학 내 현실과는 대조적으로 특강이나 기획프로그램 형식의 인문학강좌가 다양한 방식으로, 그것도 대단히 성황리에 진행되고 있음을 우리는 주위에서 어렵지 않게 보는 것이다.

2009년 2월 14일자 『조선일보』에 의하면, "기업체 등의 최고경영자(CEO)들을 겨냥한 '공부방 시장(市場)' (…중략…) 그중에도 철학·문학·역사 같은 인문학, 특히 고전에 초점을 맞춘 맞춤형 전문강좌들이 대인기"라고 한다. 한국능률협회(KMA) 주관의 12주짜리 맞춤형 인문학강좌 〈동양고전 오디세이〉의 경우, 공고를 낸 지 사흘 만에 정원(50명)의 두 배에 육박하는 지원자가 몰릴 만큼 인기가 높았다. 같은 기관에서 2008년 4월부터 소크라테스·니체·마르크스 등의 주요 사상가들을 주제로 진행한 〈지혜의 향연〉이라든가, 서울대학교 인문대학의 〈최고지도자 인문학과정(AFP)〉, 삼성경제연구소의 인문학강좌 〈메디치 21〉, 성공회대가 2008년 9월 개설한 〈CEO를 위한 인문학 과정, 인문공부〉 등도 마찬가지다. 이들 모두 적잖은 비용이 드는 유료 강좌로서 서울대학교 인문대학의 경우 부대비용을 뺀 수강료만 1,000만 원 넘는 고액의 인문학강좌를 제공하고 있다.

하지만 일반인을 대상으로 하는 인문학강좌가 모두 비싼 것은 아니며, 무료 강좌도 많다. 전라남도 화순 소재 전남대학교병원에서는 2008년 11월부터 매주 목요일 의사·간호사·행정직원을 대상으로 '갈등과 소통'이라는 주제 아래 50차례 진행해온 〈병원인문학〉 프로그램을 최근 끝마쳤는데, 강의내용을 책으로 엮어 출간하는 것은 물론이고 '병원인문학 연구센터'의 설립도 추진할 계획이라고 한다(『광주일보』, 2010. 1. 12). 이러한 직장 내 인문학강좌는 포항제철(POSCO)의 경우 대형화, 전국화 경향을 띠면서 큰 호응을 얻고 있다. 서울·포항·광양 3대 사업장을 무대로 〈동양고전 오딧세이〉를 격주 화상강의 형태로 실시하는 한편, 서양철학을 다루는 〈수요 인문학강좌〉를 마찬가지로 격주 강의로 동시 제공하고 있는 것이다(『한국경제신문』, 2010. 2. 10). 그 외, 심지어 고급 학술문화와는 거리가 멀었던 소외집단을 대상으로 개설되는 인문학강좌도 있다. '다시서기 센터'에서 1년 과정으로 개설한 노숙자 대상 인문학강좌 〈고전에서 희망을〉이 대표적인 사례이다. 『파우스트』, 『햄릿』을 비롯한 문학고전과 카E. H. Carr의 『역사란 무엇인가?』 같은 역사서 등 인문학 명저를 중심으로 추진된 이 프로그램은 주위의 우려와 달리 진지한 분위기 속에서 진행되어 최근 21명의 수료생을 배출하는 성과를 거두었다(MBC뉴스, 2010. 2. 25).

이러한 현상을 어떻게 이해할 것인가? 이와 관련하여 방금 소개된 사회인 대상 인문학강좌의 배경 내지 효과로 거론되는 점들은 꽤 시사적이다. 먼저 "CEO들 사이에 '(인문학) 고전 신드롬(증후군)'이 퍼지는 이유"로 대략 세 가지가 지적되었다. 첫째, 기존의 경영·경영 패러다임으로는 좀처럼 해결책을 찾기 어려운 심각한 경제위기 상황에서 인간과 삶의 원점原點, 즉 근본으로 돌아가 해법을 찾는 게 유력한 대안으로 떠올랐고, 둘째, 인문학적 상상력을 활용한 제품과 서비스의 차별화 및 이를 통한 블루오션(미개척 시장)의 창출 가능성이 유력시되고 있으며, 셋째, 샐러던트saladent라는 신조어가 나올 정도로 자기계발 욕구가 높은 한국적 기업 현실에서 더 이상 무풍지대에 머무를 수 없는 CEO들의 지적 역량강화 의지가 작용했다는 것이다. 요컨대 인문학이 경제위기 극복과 경쟁에서의 생존 내지 승리라고 하는 현실적·실용적 효과를 위해 동원된 셈인데, '문리통섭형 글로벌 인재양성'을 겨냥하여 인문학강좌를 개설한 포항제철의 경우도 대동소이하다.

이에 비해 화순 전남대학교병원의 〈병원인문학〉은 한층 고차원적인 지향성을 띠었던 것으로 보인다. 그것은 인문학과 병원문화의 상호 소통을 목적으로 기획된 것으로 "고품격 병원문화 형성"이라는 눈앞의 실용적 이익 이상의 것을 추구한다. 주최측인 병원당국은 이 인문학적 "담론의 장" 체험을 통해 병원이란 곳이 단순히 환자를 진료하는 공간에만 머물 것이 아니라 "사람과 사람이 서로 소통하는 고품격의 문화공간"으로 발전해 나가기를 기대하고 있는 것이다. 여기서 인문학을 통한 직장, 단체 차원의 휴머니즘 재발견과 문화수준 제고 효과를 확인할 수 있다면, 노숙자를 위한 인문학강좌 〈고전에서 희망을〉에서는 그것이 개인 차원에서 얼마나 극적으로 나타날 수 있는가를 보여주는 예라고 할 수 있다. 뉴스에 보도된 김석두라는 노인의 사례는 이를 잘 보여준다. 쉰 살 김석두 씨는 현재 자전거 수리공으로 낡은 자전거를 고쳐 한 달에 80만 원을 벌고 있지만 그도 한때는 지하도를 전전하던 노숙인이었다고 한다. 노숙인이 겪기 마련인 절박한 물질적 빈곤과 외로움에 더하여 게다가 배우지 못한 그에게 있어 인문학강좌란 자신과는 전혀 상관없는 것이었을 터이다. 그러나 김 씨의 삶이 바뀐 건 노숙인을 상대로 한 인문학강좌 덕분이었다고 한다. 1년 전부터 김 씨는 강사들의 지도 속에 괴테의 『파우스트』와 셰익스피어의 『햄릿』, 그리고 『역사란 무엇인가』 같은 인문학 고전을 읽기 시작했다고 한다. 30년 만에 다시 시작한 공부이기에 처음에 그는 강의가 어서 끝나기만을 기다렸다. 그러나, 굴곡진 삶의 경험을 통해서 고전 속 진리와 지혜를 조금씩 이해하며 받아들이게 되었고, 스스로 생각하고 기록하고 표현하는 기쁨은 점차 자신감으로 이어졌다고 한다. 1년 동안 그 자신의 여러 생각을 기록한 노트가 그에게는 가장 큰 보물이 되었다고 한다. "이제 시간 있으면 펜을 들고 글도 써보려고 그러면서 진짜 180도가 달라졌습니다."

1년간의 고된 과정이 끝나는 졸업식에서 김 씨를 비롯한 21명의 노숙인들이 졸업장을 받았는데, 그들 각자의 마음속엔 희망의 불씨 하나가 자리 잡았을 터이다. 인문학이 '생각·기록·표현'이라는 인간 고유의 습성을 일깨우고, 이를 통한 '기쁨'이 인생의 '자신감' 회복으로 이어졌음을 김 씨의 사례는 생생하게 증언하고 있다. 실로 '놀라운 인문학'이 아닐 수 없다!

이상의 사례들을 볼 때, 가히 '인문학의 붐'이 일고 있다고 해도 과장된 표현은 아닐 듯싶다. 인문학이 어느새 일반 대중의 일상생활과 빈번하게 만나고, 더러 그 속에 깊숙이 들어와 있는 것이다. 이는 분명 10년 전만 해도 상상하기 어려웠던 현상이다. 물론 매스컴을 통해 전달되는 위와 같은 대중적 인문학 열풍이 앞으로도 지속되리란 보장은 없다. 하지만 인문학에 대한 세간의 관심이 한층 확대, 강화될 가능성은 충분하며, 그 가능성을 실현하는 것은 이 사회의 인문학자들의 몫이다. 다만, 과거 우리의 인문학이 보여주었던 약점이나 병폐를 다시 반복하지 않는 것이 중요하다. 돌이켜보건대, 일제강점기부터 오늘에 이르기까지 세태 변화에 따라 곡필을 일삼거나 힘 있는 정치 혹은 경제 집단에게 아부하는 한심한 문학가·사학인·철학자가 없지 않았다. 다시는 인문학의 이름으로 반反인문주의적 행태를 저지르는 일이 있어서는 안 될 것이다. 그것은 인문학 정신에 충실한 대다수 인문학자들을 욕보이는 일이며, 나아가 인문학에 대한 일반 대중의 무관심과 혐오를 낳고 그리하여 우리의 정신문화 발전을 저해하는 악행일 뿐이다. 바람직한 전통을 소중히 여기고 본연의 정신을 변함없이 지켜나갈 때 우리 인문학의 미래는 밝을 것이라고 확신한다.

더 읽어볼 책들

● **서울대학교 인문대학, 『스무살, 인문학을 만나다』, 그린비, 2010.**

대학생을 위한 인문학 입문서로, "사람과 인문"을 주제로 각 분야 인문학자들의 글 24편을 모은 것이다. 내용은 「人: 생성하는 만남」, 「文: 너머의 만남」, 「學: 공명하는 만남」의 세 부분으로 구성되는데, 인문학의 성격과 사회적 역할 등에 관한 폭넓은 논의를 통해 인문학이란 무엇인가를 스스로 성찰해 보는 기회를 제공하고 있다.

● **조용헌, 『조용헌의 동양학 강의』, 랜덤하우스코리아, 2010.**

동양의 인문학과 관련한 입문적 성격의 책으로, 살아 움직이는 인간의 삶과 세상의 조화로운 이치를 내면적으로 관조할 수 있게 해준다. 내용은 크게 두 부분으로 나뉘는데, 「인물편」에서는 인물·사회·문화·문명을, 「천문편」에서는 자연·천문·종교·운명 등을 각각 다루고 있다.

● **박노자, 『우리가 몰랐던 동아시아』, 한겨레출판사, 2007.**

세계체제로서 자본주의가 확산, 심화되는 데에 따른 지역화와 그에 수반된 문제점들을 비판점 관점에서 성찰한 책이다. 우리 사회에서 문화적, 인종적 다양성을 어떻게 수용할 것인가를 되돌아볼 수 있게 함으로써 인문학적 관용주의와 개방적 태도를 일깨우고 있다.

● **박준철 외, 『서양의 인문주의 전통』, 서강대학교 인문과학연구소, 2001.**

합리주의와 과학정신을 중심으로 고대에서 현대에 이르는 서양 인문학의 생성, 발전 과정을 고찰한 책이다. 서양 인문주의에 대한 탐구와 더불어 서양의 지적 전통을 포괄적으로 조망하고 있어 서양 인문학을 하나의 패러다임으로 이해하는 기회를 제공하고 있다.

- **슈테판 츠바이크, 정민영 옮김, 『슈테판 츠바이크의 에라스무스』, 자작나무, 1997.**

16세기 종교전쟁 시대, 광신과 폭력으로 얼룩진 사회적 혼돈 속에서 모든 극단을 거부하고 세계평화와 인간의 자유를 옹호했던 위대한 인문주의자 에라스무스에 대한 평전이다. 에라스무스의 위대함과 더불어 단점까지도 균형 있게 서술함으로써 근대 인문주의의 초기적 모습을 다양하게 보여주고 있다.

화엄경의 철학

: 여래의 출현과 사라짐

김영진

우리가 알고 있는 『화엄경』 이야기는 거대한 서사 가운데 일부다. 부처가 등장하고, 보살이 등장하고, 온갖 천신이 등장한다. 그리고 선재동자 같은 사바세계를 사는 중생도 등장한다. 우주를 구성하는 온갖 군상이 혹은 주연으로 혹은 조연으로 때론 엑스트라로 무대에 오른다.

김영진

동국대학교 불교학과에서 중국근대사상가 장타이옌의 불교 연구로 박사학위를 받았다. 불교 사상사에 관심을 갖고 있고, 최근에는 근대한국불교에 대해 학술사나 사상사 입장에서 연구하고 있다. 지은 책으로 『중국근대사상과 불교』, 『공(空)이란 무엇인가』가 있다. 현재 인하대학교 한국학연구소 HK연구교수.

인문학, 소통과 공생의 지혜

화엄경의 철학

: 여래의 출현과 사라짐

『화엄경』과 비로자나불

사막이 언제나 삭막한 것은 아니듯 인생고를 이야기하는 불교라고 해서 어느 경전이나 세간의 고통만을 설하지는 않다. 세간의 아름다움도 이야기하고, 열반의 기쁨도 노래한다. 우리가 잘 아는 『화엄경』의 경우가 그렇다. 『화엄경』은 세간과 출세간의 구분이 사라진 부처의 경계에서 우주를 노래한다. 삼라만상은 온갖 인연으로 이 우주에 펼쳐진다. 그래서 『화엄경』에서는 고통보다는 환희를 주로 묘사한다. 수행의 과정보다는 찬란한 결과를 우선 설명한다. 광명으로 가득한 세계를 그리고 있다. 그래서 『화엄경』은 빛의 경전이다. 『화엄경』에서 사용하는 소재는 바로 빛이다.

한문으로 번역된 『화엄경』의 정식 명칭은 『대방광불화엄경大方廣佛華嚴經』이다. 한역 『화엄경』은 중국 동진의 불타발타라가 번역한 60권본과 당나라 때 실차난타가 번역한 80권본이 있다. 그리고 당나라 때 반야가 『입법계품』만 번역한 40권본 『화엄경』이 있다. 60권본 『화엄경』은 이른바 '7처處(장소) 8회會(장면)'의 이야기 구조로 되어 있다. 무대를 옮겨 가면서 공연하는 8막짜리 뮤지컬 같다. 이보다 좀더 규모가 큰 80권본 『화엄경』은 '7처 9회'의 이야기 구조를 자랑한다. 우리가 알고 있는 『화엄경』 이야기는 이 거대한 서사 가운데 일부다. 부처가 등장하고, 보살이 등장하고, 온갖 천신이 등장한다. 그리고 선재동자 같은 사바세계를 사는 중생도 등장한다. 우주를 구성하는 온갖 군상이 주연으로 혹은 조연으로 때론 엑스트라로 무대에 오른다.

대승불교 경전에 등장하는 부처는 대단히 다양하다. 경전마다 주인공 부처가 다르다. 이름이 다르고, 성격이 다르고, 능력이 다르다. 『화엄경』에서 주인공으로 나선 부처는 비로자나불이다. 합천 해인사의 중심 법당인 대적광전을 지키는 부처님도 바로 비로자나불이다. 비로자나의 원어인 바이로차나Vairocana는 "태양이 빛을 비추는 작용을 신격화한 것이다." 그래서 비로자나불은 광명불光明佛이다. 하지만 이 광명은 이글거리는 태양도 아니고 세상을 태우는 불길도 아니다. 태양처럼 아무런 말없이 생명의 온기를 내린다. 이 온기가 생명을 잉태하고, 때론 생명을 거두고 그것을 부식시킨다. 그래서 비로자나불은 말없는 화가이다. 온갖 생명을 그렸다 지운다. 세상에서 가장 유능한 화가이다. 법계法界라는 화폭에 사사물물을 거침없이 뱉어낸다. 80권본 『화엄경』에서 빛의 부처로서 비로자나불을 가장 환상적으로 묘사한 부분은 「여래출현품」이다.

> 導師放光大光明 여래께서 밝은 빛 놓으셔
> 震動十方諸世界 시방의 모든 세계 울리며
> 已現無量神通力 놀라움 가없이 보이시고
> 而復還來入我身 도로 와 이 몸에 스밉니다.[1]

80권본 『화엄경』 「여래출현품」에서 빛은 두 가지 방식으로 출현하고 사라진다. 먼저 미간의 백호에서 빛을 놓는데 그 빛은 여러 가지 모습을 보이고는 성기性起 보살의 정수리로 빨려든다. 그리고 두 번째는 비로자나불이 입으로 광명을 놓고 모든 세계를 비추고 보현보살의 입으로 사라진다. 즉 여래의 입에서 나와서 보현보살의 입으로 사라지는 경우다. 그 빛은 세계를 드러낸다. 모든 법

1 80권본 『화엄경』, 「여래출현품」.

계를 비추고 모든 고통과 액난을 제도濟度하고, 마지막으로 깨달음의 세계를 펼쳐놓는다. 이렇게 여래의 빛을 받은 성기보살과 보현보살이 등장함으로써 여래 출현의 법문은 시작된다. 비로자나불은 그들을 통해서 설법을 시작한다. 빛이 여래에서 나와 보살 속으로 사라지는 이 장면에서 여래의 출현과 사라짐을 이야기한다. 다르게 말하면 여래의 사라짐은 보살의 출현이다.

> 불자여, 이러한 한량없는 인연으로 삼천 대천 세계를 이루나니, 법성도 이와 같아서 내는 이도 없으며, 짓는 이도 없으며, 아는 이도 없으며, 이루는 이도 없으나, 저 세계가 성취되느니라. 여래 출현도 그와 같아서 한 인연으로써가 아니며 한 가지 일로써 성취되는 것이 아니고 한량없는 인연과 한량없는 사실로써 성취되느니라.[2]

부처는 "연기緣起를 보는 자가 여래를 본다"고 했다. 연기라는 존재 진리를 파악하면 부처라는 이야기다. 연기법이 불교가 가장 중요하게 내세운 진리임은 불교인이 아니더라도 알고 있다. 『화엄경』에서도 마찬가지다. 하

2 80권본 『화엄경』, 「여래출현품」.

지만 그런 연기법을 펼치는 방식이 경전이나 학파에 따라 차이를 보인다. 초기불교에서는 '업(카르마)과 과보'라는 형식으로 중생의 윤회나 번뇌의 발생, 번뇌의 소멸을 설명했다. 간단하게 행위의 결과로서 현실이 존재한다는 것이다. 대승불교의 유식학에서는 우리의 의식이 현상을 구현했다는 다소 관념론적으로 보이는 주장을 한다. 물론 이런 것이 관념이 아님은 그들이 내세운 실질적인 수행법에서 알 수 있다. 그렇다면 『화엄경』이나 화엄철학에서는 어떤 형식의 연기관을 내세울까. 바로 법계연기法界緣起이다.

우주적 사연과 공空

법계연기는 중생을 기준으로 전개한 기존의 연기론을 극복하고 우주의 일체 존재자가 하나의 리듬 속에서 연기하고 있음을 주장한다. 연기를 일체존재의 영역으로 확대했다. 불교인들은 흔히 법계를 우주라고 바꿔 표현한다. 불교에서 '법'의 용례는 엄청나게 다양하다. 단순화하면 두 가지로 나눌 수 있다. 첫째 법은 현대철학 용어로는 존재자를 가리킨다. 우리가 감각하는 사물이나 판념 등이 모두 법이라고 할 수 있다. 사건도 하나의 법이다. 둘째 법은 불교의 진리를 가리킬 때 사용한다. 불법이라는 말에서 잘 알 수 있다.

그런데 법계연기를 말할 때 '법'은 놀랍게도 이 두 개념이 결합된 것이다. 한 존재자는 그 자체로서 연기법이라는 진리를 한껏 보여준다. 적어도 부처의 시선으로 보면, 연기법을 간파하는 시선으로 보면 존재자 각각은 연신 진리를 드러내고 있다. '법계'는 한 존재자의 연기함을 세계[界] 차원으로 확장한 표현이다. 존재자는 한 인연으로 존재하는 게 아니고, 두 인연으로 존재하는 게 아니다. 한량없는 인연으로 존재한다. 바로 우주적 조건으로 그것은 모습을 드러낸다. 이렇게 '법계연기'는 우주적 사연을 갖고 한 존재자가 출현하고 사라짐을 설명하는 불교이론이라고 할 수 있다.

화엄철학에서는 법계의 법을 '법성'이라고 표현하기도 한다. 법성은 요즘 말로 하면 '존재의 본성' 정도로 풀 수 있다. 이것을 설명하기 위해서는 공空이라는 알 듯 모를 듯한, 그래서 알고 싶지 않은 개념을 밟고 가야 한다. 『반야심경』에 등장하는 "색즉시공, 공즉시색". 이 엄청난 진리는 이제 일상의 언어로 진입했다. 이것은 "너의 비릿한 욕망이 다 헛것"이라는 말이다. 이 말을 좀 더 철학적으로 돌려 보면 공은 어떤 사물에도 '나라는 본질 없음[無自性]'을 말한다. '나'라는 존재는 과연 무엇인가. 어떻게 존재하는가. 과연 존재하기는 하는 건가. 이런 질문에 괜히 움츠러들 필요는 없다. 여기서 다시 연기법을 떠 올려보자. 불교적으로 말하면 모든 존재자는 직접적이고 간접적인 다양한 조건[因緣]을 통해서 성립[生起]된다. 그 자체로 독립적으로 존재하는 것은 없다. 독립적으로 존재할 수 없고 자신의 본성을 운운할 수 없다면 존재자의 존재 가능성은 관계를 통해서만 확보된다.

이렇게 상호 관련 자체가 사물의 본성이 될 수밖에 없다. 그래서 연기하기 때문에 사물은 공하고, 그것이 사물의 구성 원리이자 사물의 실재이다. 사물은 자신만의 실체를 갖지 않으며 자기동일성도 갖지 않는다. 사물이 존재론적으로 드러낼 수 있는 사실은 연기함밖에 없다. 존재자는 연기하기 때문에 자기라고 부를 만한 게 없다. 이 자기 없음을 공空이라고 표현한다. 사물은 공하고, 그것을 굳이 무슨 성품처럼 꾸민다면 공성空性이라고 할 법하다. 공성은 단지 사물에만 해당되는 게 아니라 어떠한 사건에도 마찬가지로 통용된다. 유명한 『금강반야바라밀경』에서는 이렇게 본질 없음을 말한다.

수보리야 몸의 모양으로 여래를 볼 수 있느냐. 수보리가 대답했다. 여래를 볼 수 없습니다. 왜냐 하면 여래께서 말씀하신 몸의 모양이란 몸의 모양이 아니기 때문입니다. 부처님께서 수보리에게 말씀하셨습니다. 모든 존재 허망하니 만약 그 모습 본 모습 아님을 본다면 여래를 보리라.

『금강경』은 모든 존재자는 본질 없음이 바로 본질이라는 사실을 일러준다. '모든 존재가 허망하다'는 말은 바로 그 존재자에게서 연기를 본다는 말이다. 모든 사물은 언뜻 보기에는 너무도 찬란하게 사실로서 존재하는 듯하다. 하지만 그것을 따져 보면 그렇게 간단하지 않다. 불교의 연기법은 찬란한 사실처럼 보이는 저것에서 본질 없음을 밝혀낸다. 그런 통찰을 통해서 온갖 번뇌나 속박에서 벗어나는 행위가 깨달음이고, 그 자가 부처이다. 존재자에서 공성을 포착하는 행위는 바로 수행자가 여래성을 드러내는 행위인 셈이다.

여래성과 공성은 이렇게 연결된다. 이런 공성이 법성이라는 말로 탈바꿈한 것은 바로 불성이나 여래성과 함께 배치되면서 발생한 사건이다. 불성은 쉽게 부처의 성품이다. 그것은 부처가 될 가능성으로써 사실을 가리킨다. "모든 중생이 빠짐없이 부처됨의 가능성을 간직하고 있다[一切衆生悉有佛性]"는 말은 바로 이것을 가리킨다. 어쩌면 중생성이기도 한 불성은 공성을 만나면서 앞서 말한 법성法性 개념을 만들어 낸다. 그렇다면 우리가 연기를 통찰할 때, 아니면 존재자에 대한 집착을 벗어날 때 거기서 공성을 보는 거고, 그런 통찰이 바로 여래의 통찰이 되는 것이다. 그는 바로 부처다. 여래의 출현은 바로 여기서 가능하다.

중생은 불성을 가진 존재로서 충분한 가치를 지닌다. 그렇다면 사물은 어떠한가. 저 돌멩이는 유정중생이 아니기에 불성을 가지는 일은 없다. 그렇다면 몰가치한 것인가. 그렇지 않다. 불교에서는 모든 존재는 연기법을 드러내고 있는 진리체다. 하나하나의 사물은 진리의 당체가 된다. 그래서 충분히 가치를 인정받는다. 법성은 존재의 연기조건 자체를 가리키는 말로 확대된다. 언제나 열린 상태로 있다. 그래서 그것은 공성에 다름 아니다. 이제 낱낱의 사물은 공성이라는 진리, 즉 법성을 드러내고 있다. 이렇게 되면 하나의 사물이 부처를 드러내고, 진리를 드러낸다는 말이 가능하다. 그래서 진리 존재로서 세계를 이룬다는 법계연기설을 말할 수 있다.

티끌은 시방을 머금고 세계는 내게 스민다

중국에 『화엄경』이 소개된 이후 일부 불교인은 그것을 하나의 철학체계로 발전시켰다. 이들이 형성한 집단을 흔히 화엄종華嚴宗으로 분류하고 그들의 학문을 화엄학이라고 부른다. 요즘에는 화엄철학이라는 말을 사용한다. 한반도 출신 승려들도 중국에서 유학하면서 화엄종이나 화엄학 형성에 참여했다. 가장 유명한 인물은 신라 출신 의상義湘이다. 그는 중국에서 화엄학의 최고 권위자로 활동했다. 의상은 『화엄경』의 철학을 짧은 시구로 정리했는데 그것이 「화엄법성게華嚴法性偈」다. "법성은 원융하여 두 모습이 없다[法性圓融無二相]"로 시작한다.

법성은 존재자[法]의 본성[性]을 가리킨다. 조심해야 할 것은 본성[性]이라는 말 때문에 무슨 본질 같은 게 있을 거라고 생각해서는 안 된다. 앞서 법계를 설명하면서 언급했듯 그것은 공성과도 관련된다. 법성은 연기라는 사건을 명사화했을 뿐이다. 존재자는 모두 연기라는 사건으로 존재할 뿐이고 그것이 바로 법성이다. 천차만별한 존재자는 연기된 것이기에 본질 없음을 본질로 한다. 곧 공함이 바로 존재자의 본질이다. 그러기에 모든 존재자는 본질적인 차원에서는 '아무런 장벽이나 매개 없이[無二

相]' 서로 무한 소통[圓融]한다. 의상의 말이다.

一中一切多中一 하나에 모두 있고 모두에 하나 있어
一卽一切多卽一 하나 그대로 모두이며 모두 그대로 하나 일세
一微塵中含十方 한 티끌 시방 머금고
一切塵中亦如是 모든 티끌 또한 그러해[3]

원효와 달리 의상은 남긴 저술이 거의 없다. 그렇지만 한국 불교의 주맥인 화엄학을 대성시켰다는 점 때문에 불교계에서는 무척 추앙 받고 있다. 그의 「화엄법성게」는 화엄 사유의 극치이다. 이 몇 자 안 되는 글은 8만4천의 경권을 품고 있다. 그의 말대로 '한 티끌이 시방세계를 모두 머금는다'는 방식을 그대로 보여준다. 하나의 티끌이 세계를 머금는다는 이 엄청난 사실을 화엄경에서 이끌어 내고 있다. 그래서 그는 충분한 글을 남겼다. 실제 이 글을 찬찬히 읽어보면 의상의 철학적 완성은 놀라울 뿐이다.

한 사물이 내 앞에 존재하기 위해서 얼마나 많은 인연이

3 의상, 「화엄법성게」.

필요할까. 생각해 보라. 밥 한 톨이 내 목구멍을 넘어가기 위해 얼마나 많은 일들이 일어나야 할까. 거꾸로 생각해 보자. 눈앞 저 한 물건이 세상에서 얼마나 많은 일을 할까. 목구멍으로 넘어간 밥 한 톨이 뱃속에서 얼마나 많은 것들과 만나고 다양한 역할을 할까. 하나는 전체 가운데 하나가 아니다. 전체라고 해서 여러 하나를 무지막지한 힘으로 움켜쥐고 있는 게 아니다. 하나는 억만 가지 촉수로 전체와 손잡고 있고, 전체는 하나에서 온통 드러난다. 연기법이라는 불교 공식을 적용하면 세상은 이렇다.

> 하나의 털구멍에서 무수한 불국토가 아름답게 장식되어 영원히 존재한다./ 하나의 미립자 속에 일체의 미립자와 같은 수의 작은 국토가 모두 들어 있다.[4]

『화엄경』에서는 '다함없이 인연이 겹치고 또 겹치는[重重無盡]' 세계를 이렇게 설명하고 있다. 수많은 모공 속에 불국토가 자리하고, 하나의 티끌 속에 일체의 세계가 또 존재한다. 그 티끌에는 또 한 번 이런 세계가 있다. 그야말로 겹치고 또 겹치는 세계이다. 이것을 의상은 "한 티

4 60권본 『화엄경』, 「노사나불품」.

끌 시방 머금고, 모든 티끌 또한 그러해"라고 표현했다. 티끌이 클까 아니면 세계가 클까. 순간이 오랠까. 영겁이 오랠까. 의상은 이런 몇 가지 물음에 답하고 있다. 티끌이 세계보다 크지 않듯 세계 또한 티끌보다 크지 않다. 그렇다고 같다고 말할 수도 없다. 그것은 크기를 갖지 않는다. 순간과 영겁은 누가 먼저 사라질까. 그들은 나이를 먹지 않기에 그런 일 또한 없다.

> 화엄에서 나투는 부처님의 세계는 티끌 먼지 하나에서부터 온 우주 전체에 이르기까지, 대소장단의 어느 것에서나 차별 없는 법계이면서 대소장단으로 나툽니다. 이는 언제 어디서나 불성이 그대로 드러난 것입니다.[5]

화엄학에서는 인드라망의 비유로 중중무진하는 존재의 연기를 설명하곤 한다. 제석천이 머무는 곳을 둘러싼 그물망이 있다. 그물코마다 유리 보석이 박혀 있다. 그것은 마치 거울처럼 모든 것을 반사하고 비춘다. 그 자신도 모든 유리 보석에 투사된다. 투사된 영상은 다시 자신에게 비추이고 그것은 또한 거듭 반사된다. 여기서 그물코

5 정화, 『마음 하나에 펼쳐진 우주—의상 조사 법성게 강의록』, 법공양, 63쪽.

에 박혀 있는 보석은 바로 중생과 세상의 사물들이다. 중중무진하는 연기 속에서 하나의 중생, 하나의 사물이 존재하기 때문에 바로 그것에서 전체 세계를 바라볼 수 있다는 의미이다. 이런 이유 때문에 하나의 생명을 우주의 가치와 동일하게 취급해야 한다는 불교의 생명관이 가능하다. 낱낱의 생명은 거울이다. 그 거울에서 우리는 우주 전체의 생명을 보아야 한다. 생명의 인드라망을.

> 한 티끌 속에 시방 머금고/ 모든 티끌마다 또한 그러해/ 무량한 시간 한 생각이요/ 한 생각이 무량한 시간이며/ 구세(九世)와 십세(十世)가 서로 같지만/ 뒤섞이지 않고 제 모습을 이루네.[6]

이런 중중무진하는 세계를 이야기한다고 해서 모든 존재가 다 동일한 것은 아니다. 상즉상입의 원리는 모든 것이 동일하다면 연기는 일어나지 않는다. 화엄학 술어 가운데 '상즉상입相卽相入'이란 게 있다. 서로 교차하고 서로 스민다는 말이다. 상즉상입은 어떤 것이 다른 것으로 편입되거나, 어떤 것이 다른 것을 감싸는 행위가 아니다. 그것은 뒤섞임이 아니다. 자신을 상처 입히지 않으면서

6 의상, 「화엄법성게」.

서로 뒤섞이는 관계이다. 연기하는 존재자 둘이 만날 때 일어나는 상황이라고 할까.

하나의 티끌이 그대로 법계를 드러낸다면 그것이 제 모습을 잃고 방황할 필요가 없다. 갠지스 모래알만큼 많은 세계는 그대로 진리의 세계이자 비로자나불이 드러낸 세계이다. 무량한 인연 때문에 세계도 무량하다. 낱낱의 나뭇잎은 자신의 세계를 지키고 조금도 제 모습을 잃지 않는다. 유명한 "산은 산이요 물은 물이다"라는 선사의 일갈에서도 느껴지는 바다. 1980년쯤인가 조계종 종정으로 취임한 선사 성철은 취임 법문으로 알 듯 모를 듯 그야말로 선문답 같은 이야기를 남겼다.

> 산은 산이고 물은 물인 것, 산은 산이 아니고 물은 물이 아니더니, 산은 단지 산이고 물은 여전히 물이더라.

불교인이 아니더라도 한 번쯤 들어봄직한 말이다. 아리송한 이 말이 한 때 인구에 회자되기도 했다. 성철 스님이 만든 말이 아니라 선가에서 더러 하는 말이다. 중국의 당나라 때 청원유신青原惟信 선사의 이야기다. 그는 이 말을 이렇게 풀었다.

노승이 30년 전 참선을 하기 이전에는 '산은 산이고 물은 물인 것'으로 보였다. 그러던 것이 그 뒤 어진 스님을 만나 깨침의 문턱에 들어서고 보니 이제 산은 산이 아니고 물은 물이 아니더라. 그러나 마침내 진실로 깨치고 보니 산은 역시 산이고, 물은 여전히 물이더라. 그대들이여, 이 세 가지 견해가 서로 같은 것이냐 다른 것이냐? 만일 이를 터득한 사람이 있다면, 그는 이 노승과 같은 경지에 있음을 내 허락하겠다.[7]

연기하고 있는 것들에게서 인연을 박탈하여 그 사물을 고립시키면 존재는 죽고 만다. 그래서 우리는 쉽게 산은 산이고 그밖에는 아무것도 아니라고 말할 수 없다. 그래서 산은 아닐 수밖에 없는 게 된다. 하지만 인연이 충만하여 산이라는 한 사건으로 세계가 온통 드러날 때, 그것은 산으로 보여도 충분히 아름답다. 그때는 산이라도 해도, 물이라도 해도 그 녀석을 해치는 게 아니다. 왜냐하면 연기하고 있는 저 녀석의 너른 배후를 다 보기 때문이다. 그래서 인연을 보는 시선은 참으로 즐겁다. 마른 나무 가지를 보고서도 그것의 깊은 관계를 볼 수 있다면 북풍한설 산간에서도 춘풍의 개화를 본 듯하리라. 그래

7 『속전등록』.

서 선사들의 "꽃피고 새 운다"는 말은 은유가 아니다.

한 생각으로 시공時空을 넘다

일체유심조一切唯心造라는 말은 두 가지 방향에서 이해할 수 있다. 온갖 고집은 인간의 마음이 초래했다는 점이고, 또 하나는 그러하기에 일체의 문제를 마음의 전환을 통해서 해결할 수 있다는 점이다. 『화엄경』에서도 이 점을 분명히 밝혔다. 중생의 마음도 세계를 그리고 부처의 마음도 세계를 그린다. 하지만 그 둘이 그린 세계는 다르다. 이 둘의 간격을 도약하는 것이 깨달음이다.

心如工畵師 마음은 화가
能畵諸世間 온갖 세계 그려내니
五蘊實從生 오온 따라 나고
無法而不造 짓지 못하는 것 하나 없네

如心佛亦爾 마음 닮아 부처도 그러하고
如佛衆生然 부처 닮아 중생도 그러하네
應知佛與心 부디 알았으면 하네 부처와 마음

體性皆無盡 그 자리 다함없음을

若人知心行 마음 다녀
普造諸世間 세계 빚음을 안다면
是人卽見佛 이 사람 머묾 없이 부처 보아
了佛眞實性 부처의 참된 자리 깨달으리[8]

내 몸이라고 분별되는 것은 물론 자신이 그려낸 것이다. 그런데 이 점을 명확히 인식하지 못하면 모든 사물을 실체로 보게 된다. 이렇게 사물을 인식하기 때문에 중생이다. 그런데 만약 그것이 마음이라는 화가가 그려낸 것임을 안다면 바로 그 자리에서 부처로 도약한다. 그래서 『화엄경』에서는 "마음과 부처, 그리고 중생 이 셋이 아무런 차별이 없다[心佛及衆生是三無差別]"고 한다. 이렇게 한 번의 마음으로 세계가 돌변하는 경우가 있다. 하나의 사건을 통해서 관계가 회복되거나 엉망으로 엉키는 것처럼 한 번의 마음가짐으로 모든 문제가 풀릴 수도 있다.

불교 경전에서는 어떻게 엄청난 세월 동안 쌓은 업장이 단박에 무너질 수 있는지를 비유를 들어 설명하곤 한

8 80권본 『화엄경』, 「야마궁중게찬품」.

다. 천 길 높이 장작더미도 한 차례 불길에 금방 타버리듯 몇 겁 동안 쌓은 업장도 단번에 태워 없앨 수 있다고 한다. 이것은 물론 깨달음의 순간성이나 절실함을 나타낸다. 깨달음은 일종의 단절에서 기인함을 알리고 싶어 한다. 전혀 가능성이 없는 상황에서 바로 그 벽을 뚫는다. 바로 그 경지가 부처가 된다고 말한다. 이런 논법은 주로 선가에서 많이 사용하지만 단지 선종의 수사만은 아니다. 『화엄경』에서도 마찬가지로 이야기하고 있다.

> 처음으로 깨닫고자 하는 마음을 일으켰을 때 바로 부처님의 깨달음을 완성한다.[9]

초발심은 순간일 수도 있고 우연일 수도 있다. 하지만 그런 순간은, 그런 우연은 그렇게 순간적이거나 우연적이지 않다. 적어도 충일된 절실함이 있어야만 터져 나오기 때문이다. 하나의 사건이 되고자 하면 어떤 사연이 필요하다. 하나의 사건으로 보자면 그것은 우연한 발생이거나 순간적일지 모르나 그것 또한 연기적 사건임을 감안한다면 순간도 우연도 아님을 안다. 그리고 초발심이라

9 60권본 『화엄경』, 「범행품」.

고 해서 처음 발심과 마지막 발심이 따로 있는 것은 아니다. 발심은 항상 처음이다. 일상에서도 마찬가지다. 그것은 언제나 처음이기에 설렌다. 끊임없이 발심하고 항상 깨닫는다. 깨달음의 사무침은 매순간마다 가능하다. 순간순간 하나의 세계를 살게 된다.

선재동자가 각각의 선지식을 탐방하는 과정을 생각해보자. 선지식과 만남이 늘어날수록 그의 경계가 높아지는 걸까. 그가 도달한 단계가 높아지는 걸까. 그것은 아니다. 선지식의 수준은 동일하다. 단지 그들의 방편이 다를 뿐이다. 각각의 선지식은 다양한 부처의 세계를 보일 뿐이다. 그는 선지식을 만날 때마다 초발심 한다. 선지식을 만날 때마다 해탈문을 새로 연다. 한 번에 세계를 받아들인다. 이것은 하나의 사물이 시방을 품듯이 일순간의 생각이 무량겁을 날고 든다.

일상성의 본래면목

돈황의 막고굴은 불상보다는 회화가 더 유명하다. 그 옛날 이 지역 불교인들은 사암 동굴을 파고 흙 반죽으로 벽을 입히고, 그 위에 불화를 그렸다. 천 수백 년 어둠 속에서 그 찬란한 빛을 잃지 않았다. 어둠 속에 있었기 때문에 더욱 그러한 모양이다. 그들이 천 년 이상을 어둠 속에 있었다고 아쉬워하는 사람도 있다. 저렇게 아름다운 것이 그토록 오래 잊혔다니. 하지만 저것들이 인간의 눈에 포착되지 않았다고 아쉬워할 이유는 없다. 세상에서 잊힌 아름다운 것을 모두 들추어낼 필요는 없지 않은가. 우리가 알지 못하는 곳에 내리는 비도 충분히 아름답다.

막고굴 벽화에 자주 나타나는 비천상은 돈황의 상징이 되었다. 아리따운 천녀天女가 하늘을 나는 모습이다. 그의 옷깃은 바람에 하늘거린다. 그 모습을 한반도에서도 볼 수 있다. 신라 불교에 등장하는 여러 문양 가운데서 유사한 것을 꽤나 발견할 수 있다. 에밀레종이라 불리는 선덕대왕신종에 새겨진 비천상도 기원은 서역 어디쯤일 게다. 비록 우리에게는 낯선 얼굴이지만 저 천녀의 얼굴은 서역西域 곳곳에서 보이는 여인의 모습이다. 일상 속에 있는 모습이 막고굴 속에서는 하늘을 날고 있다. 일상의 모습이 천녀로 화한 것이다.

『화엄경』에서 가장 유명한 부분인 「입법계품入法界品」을 떠올려 봄 직하다. 법계로 들어선다는 말은 무슨 의미일까. 여기서 법계는 깨달음의 세계이기도 하고, 온갖 인연이 작동하는 연기의 세계이기도 하다. 하지만 결코 저 요원한 세계를 가리키지 않는다. 비록 엄청난 수행과 노력으로 깨달음을 획득할 수 있지만 그렇다고 이 세계를 벗어나서 어디론가 숨어버리는 것은 절대 아니다. 결코 일상을 저버리지 않는다. 일상 속에서 연기를 보고, 일상 속에서 깨달음을 획득한다. 『화엄경』에서 말하는 "꽃으로 장엄[華嚴]"된 부처의 세계는 대승불교의 진리인 일상 속의 깨달음이다. 선재동자가 유녀 바수밀다를 찾아가는 과정도 이것을 묘사하고 있다.

> 어떤 중생이 잠깐만 나를 관해도 탐욕이 사라지고 보살의 고요하게 장엄한 삼매를 얻으며, 어떤 중생이 잠깐만 내가 팔을 펴는 것을 보아도 탐욕이 사라지고 보살이 외도를 굴복시키는 삼매를 얻으며, 어떤 중생이 내 눈이 깜짝이는 것을 보기만 해도 탐욕이 사라지고 보살의 불경계 광명삼매를 얻으며, 어떤 중생이 나를 끌어안으면 탐욕이 사라지고 보살이 모든 중생을 거두어주면서 떠나지 않는 삼매를 얻으며, 어떤 중생이 내 입술만 한 번 맞추어도 탐욕이 사라지고 보살이 모든 중생의 복덕을 늘게 하는 삼매를 얻는다.[10]

10 80권본 『화엄경』, 「입법계품」.

「입법계품」은 선재동자가 문수사리보살을 만나는 이야기로 시작한다. 선재동자는 이야기가 끝날 때까지 하나의 질문만을 들고 다닌다. 보살행과 보살도는 어떻게 닦는가? 이 질문을 던지면서 여러 선지식을 방문한다. 우리에게 가장 인상적인 장면 중의 하나가 바로 바수밀다라는 유녀遊女와 이뤄진 만남이다. 이것이 인상적인 이유는 뻔하다. 성聖과 속俗이 너무 적나라하게 교차하기 때문이다. 다른 경전에서도 진속불이眞俗不二의 도리를 이야기하지만 실제 우리의 진리와 세속은 다분히 관념적이다. 아니면 진리 지향이 더 강하다. 하지만 여기서는 곧이곧대로 세간의 삶을 가져다가 설명하고 있다.

여인의 손목을 잡아도 법을 볼 것이고, 여인과 입 맞추어도 또한 법을 얻을 것이라고 이야기한다. 일상의 구체적 삶을 그리고 있다. 가장 일상적인 삶 속에서 불법을 구하는 수행이 가능하다는 이야기다. 보살은 중생을 보고도 중생이라는 분별을 내지 않고 부처를 보아도 부처라는 분별을 내지 않는다. 중국의 유명한 선사 조주종심趙州從諗(778~897)이 한 수행자와 이런 이야기를 나눴다.

문: 저는 남방으로 가서 불법을 배우려고 합니다. 한마디 일러 주십시오.

답: 부처 있는 곳에서는 얼른 달아나고 부처 없는 곳에는 머물지 마라.

문: 그러면 의지할 데가 없지 않습니까?

답: 버들개지, 버들개지로다.

아무 데도 걸리지 않고 날 수 있다면 얼마나 좋을까. 그물에 걸리지 않는 바람처럼 그냥 지나칠 수 있다면 얼마나 좋을까. 이름이라는 그물을 막무가내로 통과해 버릴 수 있다면 얼마나 좋을까. 선가에서도 그러하고 대승경전 곳곳에서도 그렇게 쓰고 있다. 이름에 걸리지 말라고. 바수밀다라도 마찬가지다. 선재는 그녀 이름에 걸리지 않았다. 세상 사람들이 그녀가 어떠하다고 이야기하여도 그것은 무거운 말일 뿐이다. 만약 이름에 걸리지 않는다면 바수밀다도 그냥 사랑할 수 있고 부처도 그냥 만날 수 있다. 불가에서 일상을 만난다고 했을 때 그 일상은 아마도 이름이 사라진 일상일 것이다. 사사물물이 장애 없이 소통할 수 있다는 법계연기론은 이렇게 일상에서 무명씨들이 만날 수 있게 한다. 하나가 다른 하나와 매개 없이 만나고 사랑할 줄 아는 능력이다.

더 읽어볼 책들

• **정화, 『마음 하나에 펼쳐진 우주—의상 조사 법성게 강의록』, 법공양, 2000.**

저자는 수행자로서 그리고 불교학자로서 면모를 함께 갖춘 국내에선 보기 드문 분이다. 지금까지 『반야심경』이나 『금강경』뿐만 아니라 『유식삼십송』, 『중론』, 『대승기신론』 같은 대단히 난해한 책을 시구처럼 아름다운 문장으로 감동적으로 풀어냈다. 이 책은 저자가 고승 의상의 「화엄법성게」를 단지 철학적인 논의가 아니라 불교적 삶의 형식으로 탈바꿈시킨 결과다. 주지 스님의 법문이 아니라 수행자와 부처님의 대화를 옆에서 공짜로 구경하는 듯하다.

• **가마다 시게오, 장휘옥 옮김, 『화엄경이야기』, 장승, 2001.**

저자는 일본 도쿄대학에서 오랫동안 중국불교와 한국불교를 가르치고 연구한 저명한 학자다. 그는 중국불교나 한국불교를 화엄사상의 입장에서 풀어내기도 했다. 이 책은 『화엄경』의 진면목을 애정 어린 필치로 드러낸다. 중국이나 일본 등 동아시아의 문화 속에 깃든 『화엄경』의 철리를 하나씩 들추어낸다. 그가 인용하는 구절은 난해하지만 그의 이야기를 듣노라면 곧바로 감동이 밀려온다.

• **기무라 기요타카, 김천학·김경남 옮김, 『화엄경을 읽는다』, 불교시대사, 2002.**

이 책은 화엄사상 전공자인 저자가 일본 NHK방송에서 일반인들을 대상으로 강의한 내용을 묶은 것이다. 이 때문에 꽤나 평이하면서도 화엄경에 관한 정보가 깔끔하게 정리되어 있다. 교양서라는 이름으로 내용 없이 가볍기만 한 책은 결코 아니다. 일본인 학자들이 단지 전문성만으로 승부하는 게 아님을 알 수 있다. 불교가 가진 가치나 감동을 고스란히 전달하고자 애썼다.

● **프란시스 쿡, 문찬주 옮김, 『화엄불교의 세계』, 불교시대사**, 1994.

화엄사상 관련해서 국내에 소개된 영어권 연구서 가운데 가장 훌륭한 책이다. 특히 화엄사상의 배경으로 공사상을 지목하고, 거기서 이야기를 풀어가는 것이 돋보인다. 영어권 학자답게 난해한 한문 용어가 아니라 이해가 가능하도록 모든 개념을 풀어썼다는 게 일반인들에게는 오히려 도움이 될 듯하다. 『화엄경』이 아니라 철학적으로 화엄학을 이해하고 싶은 사람들에게 큰 도움이 될 것이다.

● **해주, 『화엄의 세계』, 민족사**, 2001.

저자는 출가 수행자로서 동국대학교 불교대학에서 화엄사상을 강의하고 있다. 이 책은 일종의 화엄학 개론서이다. 『화엄경』의 성립이나 그것에 대한 다양한 연구를 비교적 쉽고 자세하게 설명했다. 『화엄경』에 대한 전반적인 이해를 원하는 사람에게는 안내서로 도움이 될 것이다. 불교 용어나 한문 술어에 익숙하지 않을 경우에는 다소 주의해서 읽어야 한다.

● **해주, 『화엄경 여래출현품』, 민족사**, 2001.

「여래출현품」은 80권본 『화엄경』의 한 부분이다. 바로 여기서 여래가 출현함으로써 삼라만상이 드러남을 묘사한다. 존재자 사이에 일어나는 연기가 아니라 여래[性]의 출현으로 말미암아 세계가 구현된다[起]는 성기(性起) 사상이 집중적으로 드러난다. 『화엄경』의 독특한 사유를 유감없이 드러내는 부분이다. 이 책은 저자가 「여래출현품」을 빠짐없이 또박또박 해설한 책이다.

21세기의 문학,
'문학이란 하何오?'

윤영실

오늘날, 문학적 종말론을 배태한 위기란 무엇이며, 문학적 종말론을 넘어 희구되는 문학의 형상이란 무엇인가? 누구라도 죽게 마련인 것처럼 문학 역시 죽음을 맞이할 수 있다. 중요한 것은, 삶(생존)에 대한 맹목적 집착이 아니라 어떻게 살 것인가이다.

윤영실

연세대학교 영문과를 졸업하고 서울대학교 대학원 국문과에서 「최남선의 근대적 글쓰기와 민족담론 연구」로 박사학위를 받았다. 근대 한국의 민족담론과 문학사에 관심을 갖고 연구하고 있다. 번역한 책으로 『역사의 요동』, 『다시 에드워드 사이드를 위하여』 등이 있다. 현재 인하대학교 한국학연구소 연구교수.

21세기의 문학, '문학이란 하何오?'

문학이란 하何오

문학이란 하何오? 근 한 세기 전 이광수가 던졌던 질문이다. 한국 최초의 근대소설로 평가받는 『무정』의 작가 이광수와 '그의 시대'에, '문학'이 무엇인지는 자명하지 않았다. 문학文學이 문文·사史·철哲을 아우르는 고급의 글쓰기를 통칭하던 근대 이전에, 이른바 '소설'은 한낱 '패관잡기稗官雜記'에 불과했을 뿐 '문학' 축에 끼지 못했다. 인심과 풍속을 계도하는 '소설'의 효용에 주목했던 신채호 같은 개화 지식인들에게도, 지향해야 할 '소설'은 『춘향전』이나 신소설 같은 게 아니라 『을지문덕전』 같은 역사전기류였다. 통속성이라는 측면에서 고대소설과 크게 다를 바 없는 신소설 작가들도, "『춘향전』은 음탕교과서요 『심청전』은 처량교과서요 『홍길동전』은 황당교과"[1]라는 식으로 기존의 '소설'을 몰아붙이며 신소설의 '새로움'을 부각시키고자 했다. '문학'의 경계조차 불투명했던 이광수의 시대에 '조선문학'이 무엇인가는 더욱 곤혹스러운 질문이었을 터이다. 한국의 수많은 고대소설들이 '중국'을 배경으로 펼쳐졌던 것은 물론이요, 이광수와 더불어 근대문학 개척자 중 하나였던 김동인의 습작기 소설에서조차 '강엘리자베트' 류의 국적불명 인물들이 출몰했다. 사정이 그러했기에, 이광수가 '문학이란 하何오?'라는 물음을 던졌을 때, 그것은 이미 있는 문학에 대한 기술記述이 아니라, 있어야 할 '문학'에 대한 선언이었다. 있어야 할 문학, 그것은 이광수가 서구와 일본을 통해 배웠던 '근대문학'이었다.

있어야 할 것으로서의 근대문학이란 어떤 것인가. 문학이란 무엇보다 '정情'에 호응하는 형태의 글쓰기여야 했다. 이로써 문학은 지성을 위주로 한 철학이나 과학에서 분리된다. '문학'은 사실처럼 '그럴듯하되(개연성)' '상상력'으로 창조해낸 '허구'적 세계를 그려야 한다. '사실'의 기록인 '역사'와 '허구'로서의 '문학'이 나뉘는 순간이다. '문학' 중에서도 '조선문학'이란 조선 사람이 조선 문장으로 조선인의 생활 감정을 쓴 것이어야 한다. '문학'이 민족적 경계에 따라 구획되고 배치되기 시작한 것이다. 무엇보

1 이해조, 『자유종』, 광학서포, 1910.

다 '문학'은 한갓 유흥거리가 아니라 인정과 세태를 탐색함으로써 그 너머의 진리를 추구해야 한다. '문학'이란 단순히 흥미로운 '이야기(민담과 전설, 심지어 고전 소설)'와는 달리, 진지한 인생탐구의 수단이자 고급 '예술'의 한 장르로 자리매김 된다.[2]

전통적인 사대부의 문장(문사철)도 아니요, 역사나 전기 같은 사실의 기록도 아니요, 고금의 무수한 이야기처럼 허황하지도 않은 문학. 감정과 허구성, 민족성에 기반한 '(국)문학'이라는 관념은 이렇게 하여 선언되었고, 그 이후 한 세기에 걸친 문학적 실천에서 일종의 불문율로 자리 잡아 왔다. 나아가 '문학'이라는 용어 안팎의 온갖 이질성과 불투명함은 '망각'되고, '문학'이란 애초부터 그러한 모습으로 있어왔다는 식의 상상적 계보가 구축된다. '문학' 관념을 제창했던 이광수는 과거 조선에는 그러한 문학이 없었으며 오로지 앞으로 만들어가야 할 문학만 있다고 실토했다. 그러나 일단 '문학' 관념이 확립되고 나자, 그러한 '문학' 관념에 따라 과거의 글쓰기들이 재단되고 재배치됨으로써 태고부터 현재까지 이어지는 '문학'의 역사가 수립된다. 우리가 중등교육 과정에서 배워왔던

2 이광수, 「文學이란 何오」(1916), 『이광수전집』 1, 삼중당, 1966.

'문학사'가 바로 그것이다. 근대소설 이전에는 신소설이, 신소설 이전에는 고대소설이, 고대소설 이전에는 가전체나 설화들이 근대소설을 향한 발전의 길을 차곡차곡 다져왔다는 식으로, 문학은 장구한 역사를 갖는 실체로 탈바꿈한다.

그러나 아무리 영원불변의 '문학' 관념을 만들어낸다 해도, 그러한 '문학' 관념 자체가 역사적으로 구성된 것인 한, 영원히 지속될 수는 없다. 시간 속에 살아가는 모든 존재가 그러한 것처럼, '문학' 역시 어떤 의미에서는 탄생하고 생장하고 소멸하는 것이다. 고대 그리스와 로마를 풍미했던 서사시가 중세 이후 역사적 시효를 다했듯, '문학' 역시 언젠가는 사멸될 수 있다. 19세기에 태어나 20세기에 이미 황금기를 경험했던 '문학'은, 그 조숙함만큼이나 일찍 조로早老해버렸는지도 모른다. 문학의 피로, 문학의 위기, 급기야는 문학의 종언에 대한 온갖 흉흉한 소문들이 떠돌고 있는 것을 보면 말이다. 이 문학적 종말론에 전적으로 동의하지 않는다 해도, 세상에 떠도는 모든 종말론이 위기의 신호임을 부인할 수는 없다. 나아가 '종말'이라는 부정의 형상에는, '위기'(그 위기가 무엇이건 간에)를 넘어 새로운 삶을 잉태하려는 강렬한 바람이 잠재해 있다. 더 이상 이 현실을 참아낼 수 없으나, 그 현실을 넘어설 길이 막막할 때, 현실의 부정과 이상의 희구가 '종말론'의 형태로 유포되는 것이다.

그렇다면 오늘날, 문학적 종말론을 배태한 위기란 무엇이며, 문학적 종말론을 넘어 희구되는 문학의 형상이란 무엇인가? 누구라도 죽게 마련인 것처럼 문학 역시 죽음을 맞이할 수 있다. 중요한 것은, 삶(생존)에 대한 맹목적 집착이 아니라 어떻게 살 것인가이다. 치명적 암을 선고받은 환자가, 자신의 '죽음'에 직면함으로써 비로소 삶의 진정한 의미를 깨달아 가는 것처럼, 오늘날 죽음 앞에 선 '문학'은 가장 아름답고 깊어질 기회를 얻은 것인지도 모른다. 그렇기에 지난 한 세기 동안 '문학'에 드리워진 자명성의 껍데기를 벗어버리고, 우리는 다시 이렇게 물어야 한다. "21세기의 문학, 문학이란 하何오?" 이광수에게 그러했던 것처럼, 이 물음은 이미 있는 문학이 아닌 있어야 할 문학, 지금-여기서 만들어가고자 하는 문학에 대한 물음이다.

'문학', 흔들리는 경계들

근대문학의 적자는 누가 뭐래도 소설이다. 일찍이 『소

설의 이론』이라는 명저를 남긴 루카치G. Lukacs가 고대와 근대를 각기 서사시와 소설의 시대라고 평한 것에서 알 수 있듯, 문학은 근대문학이며 근대문학은 무엇보다 소설을 주역으로 삼아왔다. 최근 몇 년간 의견이 분분한 근대문학의 종언 논쟁도, 따지고 보면 근대소설의 운명을 둘러싼 이론異論들에 다름 아니다. 이광수 역시 「문학이란 하오」에서 '소설'을 중심에 놓고 논의를 전개해갔다. 인정세태의 사실을 그리되 상상력이 가미된 허구로서 그려야 하며, 민족적 생활과 감정을 담고 있어야 한다는 것, 단순히 흥미 위주의 이야기가 아닌 인생의 진리를 탐구해야 한다는 것은 일차적으로 소설을 염두에 둔 명제들이었다. 그 자신 『무정』이라는 소설로 자신의 입론을 성공적으로 구현하기도 했다.

그런데 언제부터인가 근대소설을 구축하는 데 핵심적이었던 명제들이 무너져내리기 시작했다. 우선 사실적인 인정세태를 소재로 삼는 근대문학에서 엄격히 배제되었던 환상적 요소들이 본격문학 안으로 대거 진입하기 시작했다. 물론 리얼리즘을 주류로 한 근대문학 안에서도 환상적 요소는 끈질기게 존속해왔다. 카프카의 소설들은 환상을 통해 도구적 합리성이 지배하는 근대세계를 낯설게 했고(『변신』, 『성』), 남미의 소설들은 현실의 막다른 골목을 환상으로 돌파하고자 했다(『백년 동안의 고독』, 『영혼의 집』). 그러나 그것은 '리얼리즘의 음화陰畵로서의 모더니즘'이었거나 여전히 '환상적 리얼리즘'이었다. 리얼리즘은 단순히 근대문학의 한 사조이기를 넘어, 근대문학의 숨겨진 제1명제였다. 신들과 인간이 공존하는 세계를 그린 신화, 아서왕 같은 역사적 인물과 용 같은 환상 동물이 뒤얽혀 있는 로망스, 그 뒤를 이어 인간의 비속한 일상세계 자체를 그린다는 묵계 위에 출현한 것이 소설이었다. 톨킨(『반지의 제왕』)처럼 순전한 상상 세계를 창조하려는 환상문학의 계열도 존속했지만, 이들은 오래 동안 근대문학의 주류에서 밀려나 있었다.

21세기 문학의 새로운 현상은 지금까지 비주류로만 존속해왔던 환상이 이른바 본격문학 속에도 버젓이 뿌리를 내리고 있다는 점이다. 탈북소녀 '바리'의 고통스러운 여정과 무가舞歌 형식을 띤 구원의 비전은 현실과 환상의 어떤 경계도 없이 잇대어져 있다.(황석영, 『바리데기』) 실종된 엄마를 보았다는 사람들의 증언은 현실인지 환상인지 알 수 없는 애매성을 띠고 있다.(신경숙, 『엄마를 부탁해』) 가장으로서의 역할을 제대로 하지 못하는 무능한 아버지는 툭 하면 모자가 되어 벽걸이에 걸리고(황정은, 「모자」), 그렇고 그런 세상에 염증이 난 주인공이 우주로 나가 지구가 개복치 모양임을 보고 경악한다는(박민규, 「몰라몰라 개복치라니」) 식으로, 현실과 환상을 가뿐하게 횡단하는 소설들 앞에 서면, 더 이상 어디까지가 현실이고 어디까지가 환상인지를 묻는 것이 무의미해진다.

환상은 현실을 낯설게 하고 현실 너머를 꿈꾸더니 급기야 현실과 환상의 경계를 지우고 있는 중이다. 가장 급진적일 경우, 문학적 환상은 현실 자체를 의문시한다. 자명한 현실이라고 받아들여 왔던 것이 한갓 '구성된 현실'로서 일종의 매트릭스에 불과함을 드러낼 때, 문학적 환상은 그 매트릭스를 뒤흔드는 가장 강력한 충격이 될 수도 있다. 박민규의 소설들이 끈질기게 겨냥하는 것이 바로 이 지점이다.

> 현실적으로 살고 있다 다들 생각하지만, 실은 관념 속에서 평생을 살 뿐이지. 현실은 절대 그렇지가 않아, 라는 말은 나는 그 외의 것을 상상할 수 없어 – 라는 말과 같은 것이야. 현실은 늘 당대의 상상력이었어. (…중략…) 돈이 최고야 무쇠 같은 신앙으로 무장하고, 예쁘면 그만이지 더 이상 뭐가 있어 – (…중략…) 지금의 인간은 그 외의 것을 상상하지 못하니까… 하지만 그 〈현실〉은 언젠가 결국 아무도 입지 않는 시시한 청바지와 같은 것으로 변하게 될 거야. 늘 그랬듯[3]

중세인들은 태양이 지구 주위를 돈다는 것을 하나의 '현실'로 받아들였지만 그것은 당대의 '상상력'에 불과했음을 우리는 잘 알고 있다. 그렇다면 우리가 오늘날 견고한 '현실'이라고 믿고 있는 것들조차 우리 시대의 지배적 상상력에 불과한 것이 아닐까. 1등만이 기억되고 프로만이 아름답다며 무한경쟁을 부추기는 현실도, 돈과 학벌과 획일적인 미의 기준으로 철저히 위계화된 현실도, 많은 이들이 그것을 '현실'이라고 믿는(상상하는) 한에서만 현실로서의 효력을 발휘할 수 있다. 문제는 그 상상된 '현실'이 대다수의 사람들을 고통스럽게 할 때조차, 사람들은 그 '현실'을 확고부동한 것으로 오해함으로써 '현실' 너머를 상상하지 못한다는 것이다. 대표작인 『삼미 슈퍼스타즈의 마지막 팬클럽』에서 최근작인 『죽은 왕녀를 위한 파반느』까지, 박민규는 바로 이 구성된 현실 너머를 상상하는 것만이 고통스러운 현실을 넘어설 수 있는 길이라는 점을 강조한다. 박민규의 소설 속에 불쑥불쑥 끼어드는 환상이란 '현실'조차 하나의 상상에 불과함을 보여주는 동시에 '현실' 너머의 새로운 상상을 향해 독자를 이끄는 초대장이다.

3 박민규, 『죽은 왕녀를 위한 파반느』, 예담, 2009, 226~227쪽.

당대의 소설들이 '환상'에 근접해 가는 경향이 있다고 했지만, 역으로 소설적 허구와 역사적 사실의 경계를 흐리는 소설들도 성행 중이다. 팩트fact와 픽션fiction, 그 사이 어디쯤에서 버무려진 이 새로운 형태의 소설들은 이른바 '팩션'이라는 신조어까지 만들어냈다. 이인화와 김탁환의 소설들이 나올 때만 해도 여전히 비주류문학으로 치부되었던 팩션은 2000년대 들어 그 폭과 깊이를 더하며 주류 문학 안의 확고한 경향으로 자리 잡았다. 김훈의 『칼의 노래』와 『남한산성』, 신경숙의 『리진』, 김별아의 『미실』 등 지명도 높은 작가의 작품이나 베스트셀러들이 잇따라 팩션의 대열에 합류하고 있다.

흥미로운 것은 문학이 역사적 팩트를 적극적으로 끌어안고 있는 것과 동시에, 역사는 사실들의 기록이 얼마나 깊이 문학적 구성에 연루되어 있는지를 깨달아가고 있다는 점이다. 포스트모더니즘 역사학자인 헤이든 화이트Hayden White는 『메타역사』에서 19세기 유럽의 역사기술들을 분석하여, 이들이 몇 개의 문학적 플롯에 따라 조직되고 있음을 규명하였다. 역사가가 과거의 사실들을 선택하고 배열하고 그 사이에 인과적 관계를 구축하는 일련의 실천들은 소설가가 소설의 플롯을 짜는 방식과 근본적으로 다르지 않다는 것이다.

요컨대, 사실의 기록인 역사와 허구로서의 문학이라는 이분법적 경계는 문학과 역사 양쪽으로부터 침식되고 있다. 더욱이 그 경계는 애초에 근대 역사학과 문학이 주장했던 것만큼 선명하게 그어질 수 없는 것이었다. 근대계몽기의 역사전기소설처럼, 언제나 역사와 문학의 경계에서 그 이분법을 교란시키는 존재가 있어왔다. 그렇기에 오늘날의 '팩션' 열풍은 단순히 한 순간의 문학적 유행을 넘어서는 의미심장함을 띤다. '팩션', 그것은 근대문학과 근대역사로부터 '억압된 것의 회귀'에 다름 아니다. '억압된 것의 회귀'로서의 팩션은 소원한 관계를 유지해왔던 문학과 역사가, 원래 '서사narrative'라는 어미에게서 태어난 이란성 쌍생아였다는 출생의 비밀을 폭로한다.

그에 대한 반응은 여러 가지일 수 있다. 출생의 내력을 완강히 부정하거나, 출생이야 어찌되었건 이미 다른 성장경로를 밟아온 문학과 역사는 지금까지처럼 각기 제 갈 길을 가면 그만이라는 입장도 있다. 문학과 역사의 분화를 인정하면서도 양자의 생산적 대화와 새로운 관계를 조심스럽게 모색해 가자는 입장도 있다. 역사기술의 문학적 플롯을 강조하는 포스트모던 역사학이나 역사와 소설의 경계를 의도적으로 지우는 문학적 '팩션'은, 가장 적극적으로 양자를 융합시키는 쪽이라고 할 수 있다. 특히 김연수의 『밤은 노래한다』는 역사적 사실을 단순히 소설의 소재로 끌어오는 것을 넘어 사실과 허구, 역사와 문학의 경계에 대한 성찰을 소설의 직접적 주제로 삼고 있어 주목된다.

> 그제야 나는 내가 진술한 세계가 얼마나 허망한 것이었는지 깨닫게 됐다. 그건 완벽한 세계가 아니라, 완벽하게 가짜인 세계였다. (…중략…) 그 충격은 너무나 큰 것이어서 그 말을 듣기 이전의 밝은 세계에서 내가 영원히 추방됐다는 사실을 알게 됐다. 그 다음은 믿을 수 없는 일들로만 가득한 어둠의 세계, 나 자신도 신뢰할 수 없는 밤의 세계였다.[4]

소설은 1930년대 초반 만주의 공산주의 항일유격대 내에서 벌어진 '민생단 사건'을 소재로 끌어들인다. 중국 공산당 산하 항일유격대의 조선인들 사이에서는 친일 성향의 민생당원들이 스파이로 잠입했다는 소문이 돌기 시작한다. 시시각각 포위망을 좁혀오는 일본 토벌대의 위협으로 극도의 긴장 상태에 놓여 있던 항일유격대는 서로를 민생단이라고 의심하며 피비린내 나는 숙청을 되풀이

4 김연수, 『밤은 노래한다』, 문학과지성사, 2008, 64·69쪽.

하다 자멸해간다. 소설은 한때 만철의 측량기사였으나 연인의 돌연한 죽음을 계기로 만주의 정치적 격동 속에 휘말려들게 된 김해연이라는 인물의 시각으로 '사건의 진실'을 탐색해간다. 연인인 이정희의 정체는 무엇인가? 최도식이 변절하게 된 진짜 계기는 무엇일까? 서로를 의심하며 죽이거나 죽임 당했던 유격단원들 중 누가 정말로 민생단인 것일까? 그러나 사건에 대한 엇갈리는 증언과 해석들 속에서 김해연이 깨달은 것은 그 해석들 너머에서 한 조각의 투명한 '사실'도 건져 올릴 수 없다는 것이다. '사실'이란 언제나—이미 각자의 관점에서 해석된 사실일 뿐 우리는 사실 그 자체의 맨살에 도달할 수 없다. 소설가가 소설을 쓰듯, 각자는 자신의 해석 속에서 세계를 쓴다. 심지어 역사가조차 자신의 관점을 통해서 걸러진 역사만을 쓸 수 있을 뿐이다. 충돌하는 해석들에 감싸인 세계란 "어둠의 세계, 나 자신도 신뢰할 수 없는 밤의 세계"이다.

당대 소설들이 보이는 '환상'과 '팩션'의 경향은 그 상반되는 외양에도 불구하고 결국 '현실'이 무엇인가라는 하나의 질문으로 수렴된다. 그렇다면 오늘날의 새로운 문학적 경향들이란 근대 초기 이래 하나의 지배적 '현실'로 자리 잡았던 것이 균열되고 있음을 보여주는 징후가 아닐까. 근대를 구획하는 지배적 질서(현실) 중 하나인 '네이션'과 당대 문학의 관계를 살펴보면 이런 심증은 더욱 굳어진다. 오늘날 근대문학의 종언을 말하는 가장 큰 이유는 근대문학과 민족의 관계가 결정적인 변화를 맞고 있기 때문이다. 근대문학은 민족의 생활감정을 민족어로 쓴 민족문학이어야 한다는 명제는 이광수의 문학론에서 이미 분명한 모습을 드러냈었다. 실제로 문학이 공감의 공동체로서의 민족 그 자체를 상상하는 데 결정적인 기여를 해왔음은 주지의 사실이다. 문학은 또한 민족어를 '발견'하고(언문일치), 가다듬고, 풍성하게 만드는 특권적 장이었다. 특히 일제강점과 분단체제를 거치면서 한국의 문학은 과도할 정도로 '민족'이라는 기표에 헌신해왔다. 오랫동안 정치가 금지되거나 억압되어 왔던 한국적 상황에서, '민족문학'은 정치를 대체하는 사회 '참여'의 장이자 국가(제국, 분단국가, 독재국가)로부터 수난 받는 민족(네이션)의 대변자로 자처해왔다.

그러나 '민족'이란 어떤 실체성도 지니지 않은 상상의 공동체라는 인식과, 민족적 정체성(동일성)에 대한 집착이 내외부의 타자를 향한 억압과 배타로 귀결되었던 역사적 경험은, 한국의 20세기를 지배해왔던 민족주의에도 새로운 도전을 불러 일으켰다. '민족주의는 반역이다'라는 다소 선정적인 비판에서부터, '내셔널 히스토리(국사)를 넘어서'기 위한 새로운 역사 기술의 모색까지, 민족(주의) 비판은 주로 역사학 쪽에서 활발히 제기되었다. 민족문학 또한 이러한 도전에서 자유로울 리 없다. 형식적 민주화 이후 '민족문학'이 더 이상 민족을 상상적으로 대표하는 정치적 기능을 수행하지 못하게 된 것은 물론이요, '민족'이라는 기표가 더 이상 진보를 표상하지도 못하게 된 시점에서, 오랫동안 자랑스럽게 내걸어왔던 '민족문학'이라는 간판은 더 이상 유지될 수 없었다('민족문학작가회의'에서 '한국작가회의'로 개칭).

문학을 민족으로부터 분리하기 위한 다방면의 공격 앞에 노출된 민족문학은 이제 '언어(국어)'라는 마지막 보루만을 남겨놓고 있는 듯하다. 빠르게 진행되는 세계화의 리듬에 몸을 맡긴 한국의 독자들은 더 이상 한국문학에서만 공감의 대상을 찾지 않는다. 영화와 드라마가 문화적 차이나 민족의 경계를 넘어 활발하게 유통되고 있듯이, 세계화 시대의 균질화된 도회적 삶을 그려내고 있는 어떤 문학도 더 이상 '민족적'이지 않다. 근대문학이 민족문학이라면, 확실히 그러한 민족문학은 쇠퇴해 가고 있는 듯하다. 지난 한 세기 동안 민족을 창출하고 견고하게 유지하기 위해 노력해왔던 문학이, 이제는 오히려 '민족'의 경계를 어떻게 넘을 것인가를 모색하고 있다. 그 모색은 소설에서 시간과 공간, 인종과 이름 등 어떠한 민족적 표지도 삭제한 무중력 공간을 창출하는 방식으로 진행되기도 한다(배수아의 『홀』, 강영숙의 『리나』). 민족 정체성(동일성)의 타자들(이주노동자, 외국인, 혼혈 등)을 소설의 전면에 배치하여, 민족의 경계를 넘어선 공감과 연대의 가능성을 탐색하는 경우도 있다(박범신, 『나마스테』). 가장 극적이고도 거대한 스케일로 문학의 네이션 넘어서기를 모색하고 있는 경우로 황석영의 소설들을 빼놓을 수 없다.

> 우리는 더 이상 자세히 얘기하지는 않았지만 어쩌다가 자신들이 떠나온 나라에 대하여 말을 나누다 보면 싸움과 굶주림과 질병과 무섭고 엄혹한 장군이 권력을 잡고 있었다는 데에서 끝나곤 했다. 아직도 세상 도처에서 많은 사람들이 죽어가고 있으며 하루라도 맘 편히 먹고 살아남기 위해서 사람들은 끊임없이 국경을 넘고 있었다.[5]

70년대 이래 '민족문학' 진영의 대표적 작가였던 황석영이 2001년 『손님』을 발표할 때까지만 해도 그의 소설

5 황석영, 『바리데기』, 창비, 2007, 217쪽.

적 구상은 여전히 '민족'에 초점이 맞춰져 있었다. 90년대 이후 거의 어떤 소설도 '민족'에 대해 말하지 않게 된 시점이었기에 그의 뚝심은 오히려 빛을 발했다. 한국전쟁의 상처를 어떻게 극복할 것인가, 남북한의 대결 상태를 어떻게 극복하고 민족의 화해를 이룰 것인가는 제기된 지 반세기가 넘은 해묵은 질문이지만 여전히 해답을 찾지 못한 난제라는 점에서, 그 질문 자체를 포기하지 않는 것이야말로 중요하다. 그러나 '민족'의 화해라는 과제를 풀어갈 때조차 2000년대 이후 적극적으로 제기된 '민족' 자체에 대한 비판을 고려하지 않을 수 없다. 요컨대, 남북한은 민족적 화해를 이뤄야 함과 동시에 '민족' 그 자체를 넘는 방식으로 화해해야 한다는 것이다.

『바리데기』 이후 황석영의 문학적 행보는 바로 이러한 방향을 취하고 있다. 소설은 '현실'과 '환상'의 두 축 사이를 오간다. 기아로 가족을 모두 잃고 홀로 남은 탈북소녀 바리데기가 국경을 넘는 험난한 과정은 북한의 참혹한 현실은 물론이요, 테러와 전쟁과 갈등이 끊이지 않는 현대세계의 현실을 장대한 스케일로 보여준다. 고통과 증오, 절망만이 판치는 이 현실을 어떻게 넘어설 것인가. 황석영은 이 질문에 대한 해답을 한국의 전통적 무가인 '바리데기' 서사를 차용해 펼쳐놓는다. 바리데기의 삶인지 환영인지 알 수 없는 장면들 속에서 바리데기는 샤먼(무당)이 되어 원한 속에 죽어간 무수한 사람들의 고통을 보고 듣고 함께 겪으며, 마침내 그 영혼들을 위로하여 저승으로 돌려보낸다. 주목할 점은 전통무가라는 '민족적' 형식을 통해 구원하고자 하는 대상이 단순히 '한민족'에 한정되지 않는다는 것이다. 북한에서 중국을 거쳐 영국에 이르는 기나긴 여정 속에서 바리데기는 중국인, 나이지리아인, 파키스탄인, 태국인 등 수많은 사람들을 만난다. 신자유주의의 세계화 과정에서 기존의 삶의 터전으로부터 뿌리 뽑힌 채 먹고 살 길을 찾아 '국경'을 넘은 이들. 이들을 소설의 시야 안에 넣음으로써 작가는 '민족'의 수난을 전 지구적 모순으로 확장하고 민족의 화해를 세계 구원의 더 큰 비전 속에 녹여 넣는다.

'문학'의 지속가능한 미래

문학이 쇠퇴하고 있다고 하지만, 이야기는 유례가 없을 만큼 폭발적으로 증식하고 있다. 원래부터가 이야기, 곧 서사는 문학보다 외연이 넓고 문학보다 내력이 길다. 문학이 아득한 옛날부터 있었다는 식의 문학사는 일정한 허구 위에 구축된 것이지만, 서사의 역사는 적어도 인류 문명의 역사만큼이나 길다. 고대 문명과 국가가 싹트는 자리마다 그 신성한 기원을 전하는 신화가 있었고, 민담이나 전설은 시작이 언제인지 따지는 게 불가능할 만큼 아득한 옛날부터 인간과 더불어 존재했다. '인간'은 '언어적 인간', '정치적 인간', '생각하는 인간'인 것만큼이나, '서사적 인간'이었다. 인간은 '서사'를 통해서 세계를 이해하고, '서사'를 통해 개개인과 집단의 정체성을 자아낸다. 인간이 시간의 흐름 속에 살아가는 한, 인간은 시간 속에 흩어지는 순간들을 모아 하나의 일관된 세계상과 자아상을 구축하기 위해, 서사를 필요로 한다. '왜 세계는 이러한 모습으로 존재하는가'에서부터 '나는 누구인가'에 이르기까지, 무수한 질문들에 답하기 위해 인간은 '서사'를 짓고 또 허문다. 거미가 꽁무니에서 끊임없이 실을 뽑아내 집을 만들 듯, 인간은 끊임없이 서사를 자아냄으로써 존재의 집을 짓는다.

서사는 꼭 인식론적이거나 존재론적인 기능만을 하는 것은 아니다. 인간은 그저 즐기기 위해서도 이야기를 짓고 말하고 듣는다. 어린 시절 눈을 반짝이며 듣던 전설과 민담, 동화와 우화, 오늘날 독자들이 즐겨 읽는 온갖 소설(판타지, 로맨스, SF, 추리, 무협 등 온갖 주변장르를 포함하여)과

만화, 영상시대의 새로운 패권자인 드라마와 영화에 이르기까지, 사람들의 흥미를 끄는 공통의 요소는 서사, 곧 이야기다. 『천일야화』의 세헤라자데가 이야기를 지어냄으로써 생명을 연장하고, 왕이 이야기를 듣고자 하는 욕망 때문에 그녀의 죽음을 유예하듯이, 인간은 그 존재에 내장된 '서사충동'으로 인해 '이야기' 없이는 도저히 살아갈 수 없는 것인지도 모른다.

인류의 동서고금과 함께 해왔던 서사의 거대한 바다에 비하면, 근대소설은 그 바다로 흘러드는 자그마한 샛강에 불과하다고도 할 수 있다. 그럼에도 근대소설은 그 출발점에서 이야기와 스스로를 구분하여 인정세태의 묘파와 진리 탐구라는 묵직한 사명을 혼자 걸머진 듯 자임했다. 어떤 시대에나 정작 수많은 사람들을 열광케 했던 것은 흥미로운 이야기에 다름 아니었지만, 근대문학은 '흥미로운 이야기'란 곧 '통속적'인 것이라며 업신여기는 자세를 취하기도 했다. 그러나 오늘날 근대문학은 여러 가지 면에서 과거의 특권적 지위를 잃어가고 있는 반면, 서사는 영화 등 영상매체에서 새로운 둥지를 발견했다. 어디 영화뿐이겠는가. 불과 30초짜리 광고에서 전자 게임과 지역축제에 이르기까지 서사storytelling는 필수적인 요소로 자리 잡아 가고 있다. 어린이 놀이터나 테마파크, 박물관과 백화점 쇼윈도 같은 다양한 공간들도 이제 서사의 옷을 덧입음으로써 그 의미를 증폭시키고 효과를 배가시킨다. 신화, 전설, 민담으로 출발한 서사의 거대한 흐름은 서사시와 로망스를 거쳐 근대에 잠시 '소설'이라는 강물을 경유했지만, 이제 또 다른 수많은 지류로 분류分流하고 있다. 서사적 원천source의 대대적인 재분배 과정에서 소설은 약간의 몫을 받았을 뿐이다. 소설의 강이 완전히 말라붙어 버렸다고는 할 수 없지만, 근대문학으로서의 소설이 더 이상 서사를 대체한다거나, 심지어 서사의 적자로서 상속권을 지니고 있다고는 말할 수 없게 된 것이다. 그렇기에 오늘날 소설은 다른 서사적 장르들과 경쟁하기보다는, 오히려 다른 장르들의 서사 콘텐츠contents로 적극적인 자기변신을 꾀함으로써 새로운 활로를 찾고 있는 듯하다.

역사의 변동 속에서 근대문학은 짧은 전성기를 지나 쓸쓸한 황혼에 접어들고 있다. 그러나 모든 황혼과 마찬가지로 문학은 '잘 나가던' 옛날을 그리워하며 추회에 젖어있을 수만은 없다. 황혼의 문학은 자신을 성찰함으로써 더 깊어지고 아름다워질 수도 있다. 아니, 자신을 깊이 응시하는 눈을 가질 수 있다는 것이야말로 황혼의 특권이 아니겠는가. 더욱이 황혼은 예상보다 오래 지속될 수도 있으며, 생이 지속되는 한 생을 지속할 만한 이유가 있을 터이다. 문학의 황혼에서 '문학이란 하何오'라는 질문을 새삼 되풀이하고 있는 근간의 논의들은, 바로 그렇게 문학적 생의 존재 이유를 묻고 있다. 근대문학의 핵심적 규정들이 와해되거나 의심받고 있는 지금, 문학이란 무엇이며 어디에서 자신의 존재의의를 찾을 수 있을까. 문학의 표현매체인 언어에 대한 천착이 한 가지 길을 제시해준다.

근대문학의 운명이야 어찌되었건 간에, 언어를 매개로 한 표현 욕망은 동서고금을 막론하고 존재해왔고 앞으로도 존재할 것이다. 태초에 '말씀'이 있었던 것처럼, 언어란 어떤 의미에서 인간 존재에 앞서며 인간 존재를 조건짓는 구조이기 때문이다. 언어를 통하지 않고는 세계와 소통할 수 없고 세계를 이해할 수조차 없는 인간은, '언어의 감옥'에 갇힌 수인囚人이다. 언어가 우리 삶을 의미로 충만하게 하지만, 바로 그 언어 때문에 우리 삶의 의미는 끊임없이 빗겨나고 미끄러진다. 혀끝을 맴돌 뿐 말이 되어 나오지 않는 언어, 가슴에 맺힌 겹겹의 감정들을 실을 잣듯 술술 풀어낼 수 없는 언어, 끝없이 되풀이되는 미스패스처럼 타인과 나 사이를 헛되이 맴도는 언어, 사물의 핵심에 도저히 가닿지 않는 언어……. 언어의 미끄러짐을 따라, 우리네 인간 존재도 불안정한 정체성 위에서 동요하고 균열된다.

언어란 바로 존재의 문제이기에, 인간은 존재에 대해 묻기 시작한 것과 거의 동시에 언어에 대해 사유해왔다. 그리스 이래의 형이상학은 '로고스logos=언어'에 대한 탐구에 몰두해왔고, 언어학은 태초의 투명한 언어를 찾아 헤매기도 했다. 존재와 언어가 행복하게 일치하는 형이상학적 이데아의 세계, 혹은 바벨탑 이전의 세계란 인류의 오랜 희구의 대상이자 회귀해야 할 존재의 고향이었다. 확실히 역사의 어떤 시기에는 언어가 지금보다 더 사물에 단단히 묶여 있었던 것 같다. 푸코에 따르면 고전주의 시대에는 적어도 사람들의 신념 체계 속에서 말과 사물이 유사성에 의해 연결되어 있었다. 원시적 세계관 속에서 말은 그 자체로 사물에 대한 주술적 힘을 발휘하는 것으로 믿어졌다. 그러나 말과 사물의 결연 관계는 근대에 이르러 결정적으로 해체되었다. 음과 의미가 '자의적'으로 연결되어 있을 뿐 아니라, 음과 의미의 쌍으로 이뤄진 언어는 세계를 매우 불투명하게 지시할 뿐이라는 명제는 20세기 이후의 언어학과 이에 뿌리 내린 현대 철학에 공통적인 기반으로 자리 잡았다. 말과 사물 사이에 아득하게 펼쳐진 심연, 그 심연을 한 번 본 이상, 인간은 더 이상 말과 사물이 행복하게 일치하는 자명성의 세계로 회귀할 수 없다.

그러나 언어란 세계와의 간극을 만들어내는 원인이자, 그 간극을 건너는 불완전하지만 유일한 방편이다. 세계와 나를 아득한 심연으로 갈라놓는 것이 언어이지만, 인간은 그 심연을 건너기 위해 또 다시 언어라는 가교假橋에 의지할 수밖에 없는 것이다. 무수한 가교를 만들고 허무는 일을 반복할 수밖에 없는 것이, '언어'라는 불을 훔친 인간이 감당해야 할 몫이다. '언어'라는 불을 얻은 이상, 인간(호모 로퀜스)은 그 불이 밝혀주는 세계만을 볼 수 있을 뿐, 그 이면의 거대한 어둠으로 이뤄진 세계 자체로부터 소외된다. 그러나 거대한 어둠의 실체를 볼 수 없어도 그 어둠을 가로질러 살아내야 하는 것이 삶이기에, 인간은 '언어'라는 희미한 횃불을 밝혀 겨우 한 걸음씩 내디뎌 가는 것이다.

근대와 함께 탄생한 근대문학은 인간의 이 불행한 운명을 짊어질 시지푸스가 되기를 자처했다. 문학은 여러 예술 장르 중에서도 유일하게 언어 자체를 매개로 삼음으로써, 불투명한 삶의 언어들 너머 좀 더 투명한 진리의 언어에 도달하고자 시도해왔다. 문학은 말과 사물이 더 이상 자명하게 결합되어 있지 않은 시대에, 말 속에 희미하게 남아있는 사물의 흔적, 혹은 사물의 핵심에 닿아있다고 여겨지는 태곳적의 투명한 말을 찾아 헤맨다. 어떤 이들은 잃어버린 말을 찾아 상징과 비의의 숲에 은거하고, 어떤 이들은 언어의 깨진 조각들을 이리저리 짜 맞춰 의미 있는 형상을 짓고자 분투한다. 어떤 이들은 말과 사물의 간극 자체를 도드라지게 함으로써 투명함을 가장한 세속의 언어에 도전하며, 또 어떤 이들은 언어적 인간의 불행을 언어의 자유로운 유희로 뒤바꿈으로써 인간의 운명 자체에 도전한다.

인간이 언어적 존재인 한, 불완전한 언어를 통해 삶의 진리를 밝히려는 문학의 사명 역시 계속 될 것이다. 인간은 말에 절망하고 말을 통해서만 희망할 수 있기에, 그 절망과 희망으로 언어에 천착하는 자들(작가)이 있을 것이고, 그들이 자아낸 절망과 희망의 언어에 공감하는 자들(독자)이 있을 것이다. '문학'이 언어적 인간의 운명을 기꺼이 짊어지고 분투를 계속하는 한, 근대와 더불어 탄생한 문학은 근대 그것보다 오래 지속될 수 있을지도 모른다.

말과 사물의 간극 위에 문학의 필연적인 존재 의의가 있는 것처럼, 서사와 현실의 간극 위에서 문학은 자신의 고유한 존재 이유를 발견한다. 문학이 서사의 다양한 갈래 중 지극히 작은 하나가 되었다고 해서, 문학적 서사의 의의를 모두 상실했다고 할 수는 없다. 문학이 오늘날 다양한 문화에 '스토리'라는 자재를 공급하는 중간상 역할을 하고 있는 것도 사실이지만, 우리는 문학적 서사의 고유한 층위가 있음을 간과해서는 안 된다. 역사의 어떠한 시기에 문학이 다른 서사로부터 갈라져 나와 독자적인 영역을 구축하기 시작했다면, 거기에는 그럴만한 이유가 있었을 터이다. 서사는 인류에게 늘 있어왔던 것이지만, 근대인의 어떤 삶은 오로지 문학이라는 형태의 서사로만 표현될 수 있었던 것이다.

『소설의 이론』으로 유명한 루카치는 서사시의 시대와 소설의 시대를 대비하며 이렇게 말했다. 별이 우리가 가야만 하고 갈 수 있는 길을 밝혀주던 시대가 저물고, 더 이상 방향을 밝혀줄 별도 없고 길조차 끊긴 곳에서 여행을 시작해야 하는 시대가 근대라고. 앞선 시대가 서사시의 시대라면, 근대는 바로 소설의 시대라고. 종교든 이념이든 그 무엇이든, 보편적으로 인정되는 진리가 존재하던 시대에 소설은 필요하지 않다. 더 이상 어떤 진리도 요구하지 않는 회의와 냉소만이 지배하는 시대에도 소설은 발붙일 자리가 없다. 그러나 진리가 감추어진 '숨은 신'의 시대에, 그럼에도 진리 찾기를 포기하지 않는 사람들에게 소설은 여전히 여행의 훌륭한 동반자가 될 수 있을 것이다. '진리는 결코 찾아지지 않겠지만 그럼에도 진리를 찾아가는 이 여행을 끝낼 수 없다'는 역설 위에서, 소설은 탄생했고 지속되어 왔으며 앞으로도 살아갈 것이기 때문이다.

문학적 서사란 '서사가 실재는 아니지만 서사를 통해서만 실재에 접근할 수 있'는 불완전한 인식 능력을 지닌 인간이 견지해야 하는 일종의 '태도'이다. 세계를, 타자를, 삶을 이해하기 위한 부단한 노력으로 서사를 지어내되, 그 서사가 곧 세계와 타자, 삶 자체는 아니라는 것. 그 간극과 역설을 견디는 힘이야말로 신화적 서사나 역사적 서사가 갖고 있지 못한 문학적 서사의 고유한 힘이며, 이념과 사상의 맹목성을 견제할 수 있는 문학의 무기이다. 그 힘은 신자유주의적 서사가 자명한 보편율로 군림하고 있는 오늘날 더욱 필요하다. 문학, 그것은 몰락해 가고 있지만, 몰락을 통해 문학의 본래적 임무를 성취할 수 있을지도 모른다.

더 읽어볼 책들

- **가라타니 고진, 조영일 옮김, 『근대문학의 종언』, 비, 2006.**

일본 출신으로 미국에서 주로 활동하고 있는 가라타니 고진은 한국에서 가장 선풍적인 화제를 불러일으키곤 하는 동시대 사상가이자 비평가다. 2000년대 들어 한국의 문학판을 뜨겁게 달구었던 '근대문학 종언' 논쟁도 가라타니 고진의 「근대문학의 종언」이라는 글로 촉발되었다. 가라타니 고진이 근대문학의 종언을 확신하게 된 계기로 90년대 이후 한국문학을 거론했으니, 한국문학계가 온통 벌집을 쑤신 듯 들끓게 된 것도 이해할 만하다. 이후 쏟아져 나온 온갖 찬반양론들은 흥분과 격앙에 휩싸여 다소 논점을 벗어난 부분도 있으나, 이 과정에서 21세기 한국문학의 존재론적 성찰이 깊어진 것만은 확실하다.

- **신형철, 『몰락의 에티카』, 문학동네, 2008.**

근대문학 종언 논쟁 이후 가장 섬세하고 날카로운 필치로 문학 옹호론을 펼치는 이로 젊은 비평가 신형철을 빼놓을 수 없다. 그의 첫 비평집인 『몰락의 에티카』는 많은 문학인들의 각광을 받았을 뿐 아니라, 문학평론집으로는 드물게 베스트셀러가 될 정도로 '대중적'이기까지 하다. 몰락의 운명에 처한 문학의 존재 의미를 묻고 있다는 점에서 21세기 문학론의 한 전형을 보여준다.

- **박민규, 『삼미 슈퍼스타즈의 마지막 팬클럽』, 한겨레신문사, 2003.**

박민규 소설의 강점은 발랄한 환상을 통한 날카로운 현실 비판에 있다. 『지구영웅전설』이나 『카스테라』 같은 소설들은 환상을 향해 거침없이 비약하며 '문학'과 'B급 문학'의 아슬아슬한 경계에서 한국문학사에 낯선 풍경을 더해 놓았다. 그에 비하면 『삼미 슈퍼스타즈의 마지막 팬클럽』은 좀 더 땅에 가깝게 내려앉아 있는 데다, 비판을 넘어 삶을 긍정한다. '마이너리티(소수자)'의 삶을 향한 긍정의 시선과 따뜻한 유머라는 그의 또 다른 강점이 잘 살아있는 책이다.

- **황석영, 『바리데기』, 창비**, 2007.

한국의 대표적 무가인 '바리데기'의 내용과 형식을 차용해 세계의 참상과 인류의 구원을 그려낸 책. 대가답게 스케일이 큰 작품이다. 스케일이 큰 만큼 어떤 부분은 지나치게 올이 성글다는 느낌이 들기도 하고, 최근 작가의 '변심'을 둘러싸고 여러 잡음도 끊이지 않지만, 황석영의 소설들이 21세기 한국문학의 한 특이점을 보여주는 것만큼은 부정할 수 없는 사실이 아닐까.

- **김연수, 『밤은 노래한다』, 문학과지성사**, 2008.

김연수는 '사실'과 '허구'를 가로지르며 '현실'을 짜내는 '서사(이야기)'의 본질에 대해 집요한 탐색을 계속하고 있다. 개개인들이 자기 삶의 정체성을 찾아가는/구성하는 과정도, 과거의 사건들에 대한 역사를 기술하는 과정도, 따지고 보면 모두 이야기를 만드는 과정이 아니겠는가. 이 철학적 문제의식을 소설이라는 또 다른 층위의 서사 속에 녹여 넣는 것은 결코 만만한 작업이 아니다. 『밤은 노래한다』에서 우리는 작가의 그 만만치 않은 작업이 어느 정도까지 진전되었는지를 가늠해 볼 수 있다.

인문학, 소통과 공생의 지혜

영화는 어떻게 인문학을 수용하는가?

육상효

영화와 인문학의 접점은 바로 여기에서 비롯된다. 영화 역시 인간의 이야기로 인간을 돌아보게 하는 예술이니까. 영화가 산업으로서 시장의 논리에 침윤되어 실용적 상품으로만 치달릴 때 그것을 인간에 대한 예술이라는 본연의 자리로 돌려놓는 것은 언제나 인문학의 몫이었다.

육상효

서울대학교 국문과를 졸업, 1994년 단편 영화 〈슬픈 열대〉로 영화감독으로 데뷔하였다. 영화 〈장미빛 인생〉, 〈축제〉, 〈금홍아 금홍아〉의 시나리오를 썼으며 1996년 〈장미빛 인생〉으로 대종상 시나리오상 수상하였다. 연출 작품으로 〈아이언 팜〉(2002), 〈달마야, 서울 가자〉(2004), 〈방가방가〉(2010) 등이 있다. 현재 인하대학교 문화콘텐츠 전공 교수.

인문학, 소통과 공생의 지혜

영화는 어떻게 인문학을 수용하는가?

이야기story

이야기란 무엇일까? 첫 번째로 정보의 전달이라고 할 수 있을 것이다. 부가해서 이야기하면 '어떤 목적을 가지고 정보를 전달하는 것'을 이야기라고 하는 것이다. 애초에 사람들은 생존을 위해서 이야기를 시작했다. 선사 시대의 인간들이 주위 동물들과의 생존경쟁에서 이기기 위해서는 무기보다도 이야기가 더 필요했다. 정보를 많이 갖고 있는 사람이 경쟁에서 이길 수 있는 건 그때나 지금이나 같다고 볼 수도 있다. 그래서 사람들은 손짓 발짓의 보디랭귀지body language에서 지금의 돌고래와 비슷한 음성 신호체계를 발전시켰고, 그도 부족하여 현대의 언어와 같은 보다 고급한 언어체계를 발전시켰다. 그리하여 그들은 어느 산으로 가면 사냥감이 많은지 알게 되었고, 또한 어느 산으로 가면 생명을 위협하는 맹수들이 많은지도 알게 되었다. 그래서 보다 안전한 생존을 영위 할 수가 있게 된 것이다. 매일 저녁 부족들의 회의 자리에서 사람들은 그날 자신들이 보고 들은 것을 이야기한다. 사냥감을 잡다가 놓친 일, 강을 건너다가 물에 빠져 허우적거린 일, 우연히 한 나무에서 맛있는 열매를 발견한 일 등, 어느 것 하나 빼놓지 않고 말이다. 그래서 사람들은 더욱 똑똑해졌고 자연과의 생존 경쟁에서 점점 더 독점적인 지위를 확보해 갈 수 있었다. 그들이 매일 모닥불 가에서 추위를 녹이면서 나눈 것이 이야기다. 정보의 전달인 것이다. 이것들은 다 실용적인practical 목적을 갖고 있다. 사냥감을 잘 잡기 위한 목적, 맹수를 피하려는 목적, 독성이 없는 나무 열매를 선별하는 목적 등이 그것들이다. 요즘에도 이러한 실용적 목적의 이야기는 아주 많다. 한 투자 전문가가 고객들에게 투자 제안을 하는 프레젠테이션을 한다고 하면, 그는 투자금 유입이라는 실용적 목적을 가진 이야기를 하고 있는 셈이다. 밖에서 들어온 어머니가 밖의 한 겨울 추위가 얼마나 매서운지 아들에게 얘기한다면 그것은 아들의 옷을 두껍게 입히기 위한 실용적인 목적을 가진 이야기가 된다.

다시 이야기를 선사시대 한 원시부족의 부족회의로 되돌려 보자. 모든 부족원은 식량을 나눠 받기 위해서는 반드시 그날 회의에 그에 필요한 정보를 내어놓아야 했다. 그래서 다들 자신의 이야기를 다듬고 혹은 연습해서 이야기하게 되었다. 그런데 이 중에서 사냥이나 나무 열매를 찾는 일에는 전혀 재주가 없는 한 부족원이 있다고 가정하자. 그는 사냥에 대한 화려한 무용담을 경쟁하듯 꺼내놓는 매일 매일의 이 자리가 너무 불편하다. 사냥의 결과물이 없는 그는 사냥감을 놓친 얘기라도 해야 했다. 그마저도 없으면 거짓말이라도 지어내야 부족원들의 따가운 시선을 피할 수 있다. 원래 사냥에는 관심도 재주도 없었던 그는 점점 더 사냥 자체보다는 이야기를 지어내는 데 몰두하기 시작했다. 신기한 건 부족원들이 다른 사람의 실제 이야기보다 이 사람의 거짓말을 더 즐기기 시작한 것이다. 비슷비슷한 무용담들 속에서 그의 이야기는 단연 발군이었다. 사람들은 그의 이야기를 들으면서 초조해하다, 박장대소하다가, 감격에 겨워 탄성을 지르다가, 슬퍼서 울기까지도 하는 것이었다. 부족장은 이 사내의 이야기가 비록 실용적 정보를 주지는 못하나 부족원들이 하루의 피로를 푸는 데 효과가 있다는 것을 알아챘다. 드디어 부족장은 그의 의무는 사냥이 아니라 이야기로 사람들의 피로를 풀어주는 것이라고 정해주었다. 그 날부터 그는 모든 사냥이나 채집에서 면제되고 이야기만을 연구해서 들려주게 되었다. 그가 전달하는 것 역시 정보이지만 그것은 거짓fiction이다. 이 거짓 이야기의 목적은 무엇인가? 그것은 사람들의 감정적 반응을 이끌어낸다. 다시 말하면 오락entertainment인 것이다. 오늘날 단 하루도 듣지 않고는 살아갈 수 없게 된 거짓 이야기, 즉 픽션은 이렇게 시작된 것이다.

그 거짓 이야기들은 탄생 이후 기술의 발전과 함께 끊임없이 그것이 전달되는 물리적 방식들을 바꿔나갔다. 이 이야기가 소통되는 물리적 방식들을 미디어media, 즉 매체라고 한다. 최초의 말에서, 그 다음에는 알타미라 동굴의 예에서 보듯이 그림으로, 그 다음에 글자가 발명되면서부터는 기록된 문자로, 활자가 발명되면서는 대량으로 찍어내는 책으로, 연극으로, 영화로 그리고 최근의 인터넷 공간의 UCC 등으로 끊임없이 진화를 거듭 해왔다. 어찌 보면 인류의 기술의 역사는 이야기 매체의 역사이기도 하다. 사람들이 좀 더 많은 사람과, 좀 더 효과적으로 이야기를 나누려는 욕망이 끊임없이 기술을 발전시켜왔다고 해도 그리 심한 비약은 아닐 것이다.

이 기술의 발달은 매체뿐만 아니라, 그 매체의 환경에 적응하려는 이야기하기storytelling의 방식들도 바꿔왔다. 다윈의 진화론은 이야기의 세계에도 적용되어 진화하지 않는 이야기들은 공룡처럼 멸종하기도 하고, 고립된 곳의 이야기들은 갈라파고스 군도의 이구아나처럼 독특한 것으로 남아있기도 한다. 말이 유일한 이야기 매체였던 시절에는 섬세한 표현보다는 사건의 개요를 빠르게 전달하는 축약의 기술이 이야기에서 가장 중요했다. 또한 동물의 울음소리나 표정들을 생생하게 전달하는 모방의 기술이 많이 발달했다. 이 모방의 기술이 나중에 연극이라는 매체가 나오면서 연기라는 보다 전문적인 영역으로 진화하였다. 말이나 연극이나 시간의 속박을 받는다는 측면에서 일종의 시간적 이야기라고 볼 수 있다. 그러나 글이 나오면서 상황은 달라졌다. 이야기는 시간에서 해방되었다. 시간은 독서를 하는 개인의 취향에 따라 지극히 상대적인 것으로 바뀌었다. 당연히 섬세한 표현들이 많아지고 시간에서 놓여난 이야기는 사람 영혼의 저 깊은 곳까지 마음껏 탐구할 수 있게 되었다. 그러나 영화와 TV 등의 영상 예술은 다시 이야기를 시간의 속박 속에 위치 지웠다. 대신 시각이라는 이야기의 역사에서는 오랫동안 잊고 있었던 새로운 감각을 이야기의 세상에 등장시켰다. 그러나 이는 과거의 그림과 달랐다. 그림들은 정지된 것이 아니라 움직이게 된 것이다. 인간이 실제로 삶에서 경험하는 것과 가장 가까운 이야기의 매제가 출현한 것이다.

마샬 맥루한Marshall McLuhan이라는 미디어 학자는 이 이야기 방식들의 변화를 "미디어는 메시지이다"라는 말로 간파했다. 그에 의하면 미디어는 단지 이야기를 운반하는 수동적인 운반체에 그치지 않고 그 미디어 자체의 특성을 전파한다. 사람들은 이야기가 아니라 그 미디어의 특성을 소비한다는 것이다. 말에서 문자로의 미디어 이행이 시각 중심적인 인간형을 만들었다면 그 뒤를 잇는 영화, TV 등의 전파 매체는 다시 인간들의 감각의 배치를 변화시켜 촉각적인 인간형을 만들어낸다고 했다. 그러면 현재 급속히 벌어지고 있는 인터넷 등의 IT 환경은 어떤 인간형을 만들어낼까? 이는 아마도 상호 활동적interactive 인간형이 아닐까 싶다. 이제 이야기에서 생산자와 소비자의 구별이 없어지게 되고 모든 사람은 이야기의 생산자이면서 소비자가 되는 것이다.

이야기 형태로서의 영화

영화는 19세기 후반, 20세기 초반에 걸쳐서 발명되었다. '발명'이라고 말할 수 있는 것은 그것이 처음에는 이야기와는 전혀 상관없는, 마술과 같이 아주 신기한 볼거리에 지나지 않았기 때문이다. 그건 단지 아주 신기한 기술이었다. 발명왕 에디슨까지 이 신기한 기술의 발명에 한몫 했다. 사람들은 이 움직이는 사진들에 열광했다. 영화 속에서 달려오는 기차를 보다가 놀라서 혼비백산 객석을 뛰쳐나가기도 했다. 오늘날 관객들이 간혹 입체 극장에 가서 입체용 안경을 쓰고 영화를 본 경험보다도 비교할 수 없이 큰 충격이었다.

그러나 이 영화가 이야기의 매체가 될 수 있었던 것은 그로부터 30년 정도가 더 지난 다음이다. 신기한 볼거리로서의 신선감이 사라질 무렵 영화업자들이 영화 속에 이야기를 접목하는 것이 더 강력한 돈벌이가 될 수 있다는 것을 깨달았고 결과는 대성공이었다. 사람들은 이 새로운 이야기 방식에 열광했다. 산업자본의 발달로 농촌에서 도시로 몰려든 노동자들에게 영화는 가장 강력한 이야기 매체로 자리 잡았다. 한꺼번에 수백만의 관객이 볼 수 있도록 대량 복제가 가능했고, 가격이 쌌으며, 독서보다는 훨씬 노력 없이 즐길 수 있었다. 극장마다 관객은 넘쳐났다. 미국에서는 이 강력한 돈벌이 수단을 위해 세상에서 가장 강력한 기업들이 나타나기 시작했다. 워너 브라더스, 파라마운트, 20세기 폭스 등 오늘날에도 여전히 영화 시작 전에 자주 그 이름을 보게 되는 회사들이 이때 나타난 스튜디오들이다. 그들은 이 새로운 돈벌이 수단이 영원하기를 원했다. 그래서 그들은 스타와 장르를 만들었다. 스타는 가장 강력한 상품이었다. 그것은 이 불안한 이야기의 시장을 안정시키는 가장 강력한 무기이자 영화라는 환상을 완성시키는 것이었다. 관객들은 신이 사라진 시대에 새로운 신들을 영화 속에서 보고 자신들의 고단한 삶을 위로받았다. 심지어 그들의 사생활까지도 상품이 되어 영화 속에서 그리고 신문과 잡지 속에서 소비되었다. 관객들이 영화를 보는 이유는 스타를 보기 위해서였다. 오늘날에도 여전히 어떤 배우의 출현 여부는 영화를 선택하는 가장 강력한 기준이다. 장르는 영화의 시장을 안정시키는 또 하나의 수단이었다. 장르란 영화 산업과 관객들과의 약속이었다. 예를 들어 코미디라면 관객은 이미 머릿속으로 그 영화에 대해 예상을 하고 그것을 기대하며 극장에 들어간다. 그 기대와 그것의 충족에 대한 약속이 영화 산업에 상업적인 안정감을 가져다주기 시작한 것이다.

발터 벤야민Walter Benjamin은 영화를 아우라가 없는 기술복제 시대의 예술작품이라고 비판하면서도 그것이 가지는 기억의 환기성에 주목하였다. 영화는 우리가 삶에서 경험했지만 이미 잊혀져 우리의 무의식 속에 저장돼 있던 기억들을 새롭게 끄집어내서 다시 우리 앞에 제시한다. 그래서 어느 유년 시절에 보았던 비스듬한 햇빛, 바람에 흔들리는 풀잎, 아름다웠던 노을을 마치 데자뷰처럼 우리 앞에 제시하는 것이라고 했다. 그것은 영화가 가진 고유의 시각성 때문에 가능한 것이다. 영화라는 매체의 이러한 특징들은 그 이전까지 가장 대표적인 이야기 매체였던 문학으로부터 다양한 이야기의 속성들을 분화시킨 것이다.

영화와 인문학

인문학을 영어로는 humanities라고 한다. human이라는 말이 인간을 지칭한다는 것은 누구나 아는 바와 같이, 인문학은 인간에 대한 학문이라는 뜻이다. 교회가 권력의 최정점에 있던 시절의 서양학문은 신에 대한 학문 즉 신학theology이 중심이었다. 이 시기에는 미술의 최대 목표도 신의 모습을 그리는 것이었다. 성경에 나오는 수많은 장면들이 그림으로 그려져 교회의 벽을 장식했다. 출생이 곧 평생의 신분과 지위를 결정했던 중세 이전의 사회에서 사람들은 현세보다는 내세를, 사람보다는 그 사람의 출생과 죽음을 좌우한다고 믿었던 신에게 더 많은 관심을 보였다. 르네상스 이후 학문과 예술은 인간에 대해 관심을 갖게 된다. 출생보다는 사람의 재능이나 노력이 더 많은 의미를 갖는다는 자각도, 신분제보다는 사람들 사이의 합리적 계약으로 만들어지는 사회가 더 바람직하다는 자각도 비슷한 시기에 나타나기 시작했다. 드디어 세상의 주인은 인간이 되었고, 미술에서도 평범한 사람들이 등장하기 시작했다. 이것이 바로 인본주의, 즉 휴머니즘humanism의 출현이다.

인문학humanities은 이 시기에 인간에 대한 학문으로 다시 중요성을 띠기 시작한다. 신은 무엇인가? 라는 질문보다 인간은 무엇인가? 라는 질문에 대한 해답을 찾는 과정에서 정립되기 시작한 학문으로 보아도 좋겠다. 즉 인간의 자기 성찰에 수반되는 사유와 비판적 사고 일체를 지칭하는 폭넓은 학문인 것이다. 자연과학이 물리적으로 세계를 해석해 간다면 인문학은 사유를 통해서 인간과 세계를 해석해 가는 것이라고도 할 수 있다. 공학이나 경영학 등 실용학과 비교해서는 실용학이 단기적으로 사람에게 필요한 기술들을 제공한다고 볼 때 인문학은 장기적으로 사람에게 필요한 사고와 교양을 제공한다고도 볼 수 있다. 허구의 이야기들 속에서 다른 사람들의 삶을 읽고 그 속에서 자신의 삶의 자리를 찾아가는 문학, 인간이 살아온 기록들을 복원하고 그것을 해석해서 현재의 삶을 이해하려는 사학, 그리고 그 모든 것을 관통하는 근본으로서 인간 존재 자체를 탐구하는 철학 등이 그 대표적인 것들이다.

미국의 이야기학자 로버트 맥기Robert McKee는 "영화는 삶의 은유"라고 했다. 사람들은 영화를 통해서 현실의 삶에서는 경험하기 힘든, 혹은 경험하고 싶지 않은 일들을 경험하면서 결국은 자기 인생의 정체를 알아간다는 의미일 것이다. 그래서 그는 모든 '좋은' 영화는 결국은 영화가 끝났을 때 "그래 인생이란 결국 이런 것이야"라고 하는 발언들이 나오게 하는 영화라고 했다. 영화와 인문학의 접점은 바로 여기에서 비롯된다. 영화 역시 인간의 이야기로 인간을 돌아보게 하는 예술이니까. 영화가 산업으로서 시장의 논리에 침윤되어 실용적 상품으로만 치달릴 때 그것을 인간에 대한 예술이라는 본연의 자리로 돌려놓는 것은 언제나 인문학의 몫이었다.

영화와 문학

문학과 영화는 같은 이야기 매체이다. 그러니 인문학 중에서 문학은 영화와 가장 가까운 매체라고도 볼 수 있다. 수많은 소설, 희곡, 시들이 영화로 각색되었다. 이제는 영화의 대본인 시나리오도 문학의 한 분야로 받아들여지고 있다.

영화가 이야기 매체로 진화하기 시작할 때 많은 지식인들은 영화가 결코 고전과 같은 인문학의 깊이를 담을 수 없을 것이라고 생각했다. 로버트 스탬Robert Stam이라는 미국의 학자는 이러한 편견의 원인을 다음과 같이 분석했다. 첫째는 백미러rear view mirror 효과다. 백미러로 보이는 풍경은 다 아름답게 보이듯이 지나간 것은 언제나 아름답게 보이는 법이다. 그래서 교양 있는 사람들은 옛것, 즉 문학을 새로운 것보다 언제나 아름답고 고상한 것으로 보았다. 두 번째는 이분법적 사고의 제로섬이다. 영화가 융성할수록 문학의 영역이 줄어들고 당연히 문학이 갖는 고상한 가치도 사라질 것이라는 두려움이었다. 프로이트Freud는 이것을 영화는 아버지 문학을 죽이는 오이디푸스Oedipus라고 했다. 세 번째가 도상에 대한 공포iconophobia다. 그것은 시각적인 것은 천박하다는 인식이다. 성경에서도 어떤 우상도 섬기지 말라고 했거니와 시각적인 영화는 천박하고 문자는 아름답다는 편견이 여기서 나온다. 발터 벤야민은 아우라aura, 즉 한 예술 작품에 고유한 가치라는 말로 무한히 복제될 수 있는 영화를 폄하했다. 라캉Lacan 같은 학자들도 이미지는 문자 중심의 상징계를 어지럽힌다고 말하며 영화를 마뜩찮아 했다. 네 번째는 언어에 대한 선호다. 도상에 대한 공포의 또 다른 표현이다. 다섯째는 영화가 너무 실제 세계와 닮아서 정신성을 담을 수 없다는 것이다. 실제 세계와 거리를 둘수록 고상한 것이라는 실물 혐오증이다. 여섯째는 영화의 편이성이 영화의 깊이를 갉아먹을 수 있다는 의견이다. 영화 작업에는 정신보다는 기계와 단순한 노동이 더 많이 개입된다는 생각이다. 마지막으로 기생충과 숙주 이론의 견해다. 영화는 문학이 이루어놓은 성과를 갉아먹는 기생충이라는 것이다. 이런 모든 이유들로 영화의 초창기에 교양적 인문학자들은 영화를 혐오했다.

그러나 오늘날 영화는 어떠한가? 거의 모든 문학의 고전들은 영화로 만들어졌다. 『햄릿』, 『전쟁과 평화』, 『폭풍의 언덕』, 『오만과 편견』, 『삼국지』 등 동서양의 이름난 고전 중에 영화로 만들어지지 않은 것은 없다. 『전쟁과 평화』를 두꺼운 고전으로 읽은 사람보다 영화 〈전쟁과 평화〉를 관람한 사람이 더 많다고도 말할 수 있을 것이다. 그뿐만 아니라 영화는 탄생 100년이 넘어서면서 문학과는 별개로 영화 자체의 고전을 만들어가고 있다. 근래의 청소년들은 고전 소설에 대한 독서로 섭취해야 할 교양을 자신들에게 보다 더 친숙한 매체인 영화로 섭취하고 있다. 안드레이 타르코프스키Andrei Tarkovsky라는 위대한 러시아의 영화감독이 만든 〈향수〉나 〈희생〉을 본 것이 도스토예프스키의 『죄와 벌』을 읽은 경험에 비해서 그 교양의 깊이가 작다고 볼 수는 없을 것이다. 초창기에 수많은 지성들이 절대로 불가능하고 여겼던 일, 즉 고전 소설의 깊이와 지성을 영화 속에 담는 일을 영화는 어떻게 가능하게 했는가? 그것은 바로 영화가 자기 매체의 장점을 끊임없이 발전시켜왔기에 가능한 일이었다. 문학과 다른 영화 매체의 특성, 그것이 고전을 영화 속에 수용하는 것을 가능하게 한 것이다.

영화와 문학의 가장 큰 차이는 무엇인가? 메를로 퐁티Merleau-Ponty라는 프랑스 현상학자는 "영화는 생각하는 것이 아니고 인지되는 것이다"라고 했다. 문학이 글을 읽으면서 끊임없이 생각해야 하는 반면 영화는 영상과 소리를 통해 자연스럽게 인지된다는 것이다. 퐁티의 이 말 속에 영화의 한계와 함께 가능성이 들어있다. 사람들은 소설을 읽으면서 자연스럽게 그 소설의 장면을 각자의 머릿속에서 영화로 만들어간다. 예를 들어 '여인은 나무 밑에 외롭게 서 있다'라는 구절을 읽으면 여러분 각자의 머릿속에는 나무 밑에 외롭게 서 있는 여인에 대한 영상이 그려질 것이다. 이 개인적인 시각화의 과정 속에는 그 독자가 살아온 모든 직간접적인 경험들이 영향을 미친다. 시골에 사는 사람들은 동네 입구 느티나무 밑에 외롭게 서 있는 촌부를 생각할 것이다. 하지만 도시에 주로 살았던 사람은 도시의 가로수 밑에 외롭게 서 있는 세련된 도시 여성을 생각할 수도 있다. 독서하는 경험은 바로 끊임없는 시각화의 과정이고 독서는 그런 면에서 훨씬 능동적인 체험이라고 할 수 있다. 이것이 문학의 매력이자 사람들이 책을 읽는 것을 다소 두렵게 생각하는 이유이기도 하다. 영화는 어떤가? 영화는 감독이 생각한 대로 나무와 길, 그리고 그 밑에 서 있는 여인을 보여준다. 이미 시각화 돼 있는 영화에서는 관객 스스로 자신의 경험으로부터 길어 올린 감각을 바탕으로 한 시각화 과정이 없어지게 된다. 이것이 영화의 한계, 즉 관객을 생각하지 않게 한다는 것이다. 당연히 상상력이 작동할 가능성이 없어진다. 이것이 바로 전대의 지성들이 현실 세계와 너무도 닮은 영화를 우매한 배제라고 단정 지은 이유다.

그러나 영화는 바로 이 시각화의 방식을 끊임없이 발전시켜왔다. 나무 밑에 서 있는 여인을 롱숏long shot(멀리서 피사체를 찍는 방식)으로 찍을 수도 있고, 아주 가까이에서 찍을 수도 있다. 여인을 단절 없이 한 숏으로 보여줄 수도 있고, 전체 모습, 바람에 흩날리는 머리칼, 가녀리게 떨리는 어깨 등등의 방식으로 숏을 나누어 보여줄 수도 있다. 그 과정에서 관객들은 감독이 그 여인을 보여주는 방식에 대해 끊임없이 생각한다. 영화에서 관객의 상상력은 그냥 보인 것을 그대로 받아들이지 않고, 쇼트의 형태와 편집의 방식, 음악을 비롯한 사운드의 사용 방식에 대해서 다시 자기 나름으로 해석하고 인지하는 끊임없는 사고 과정을 거치는 것이다. 이 모든 것이 마치 연극처럼 고정된 한 가지 카메라로 모든 것을 촬영했던 초창기 영화에서는 불가능했던 과정이다. 영화는 문학을, 그 깊이를 수용하기 위해 자기 매체의 특성을 끊임없이 발전시켜 미장센, 촬영, 편집의 가능성들을 발전시켜온 것이다.

영화의 한계로 지적돼 왔던 것 중의 하나가 절대화된 시간이다. 만약 『전쟁과 평화』라는 소설을 읽는다면 독자는 그것을 2시간에 다 읽을 수도, 한 달이 걸릴 수도, 아니면 1년이 걸릴 수도 있다. 하지만 영화로 만들어진 〈전쟁과 평화〉는 일단 영화가 시작되면 2시간이라는 불변의 시간 속에 관객을 가두게 된다. 감동적인 장면에서 잠시 책장을 덮고 그 장면을 음미하는 문학의 미덕은 영화에서는 허용되지 않는다. 문학의 시간은 상대적이고 영화의 시간은 절대적인 것이다. 이 절대적으로 한계 지어진 시간이 문학이 갖는 풍부함을 훼손시킬 것이라고 생각했다. 그러나 영화는 매체의 특성 속에서 다시 시간을 다루는 방식을 발전시켰다. 바로 장면과 장면 사이의 생략을 만들어낸 것이다. 초창기 영화에는 이런 생략이 없었다. 가령 한 학생이 집에서 학교로 오는 장면이라면 초창기 영화는 그 모든 것을 시간의 생략 없이 다 보여줬다. 그러나 현대 영화는 집에서 나오는 장면과 학교로 들어오는 장면만 보여주면 된다. 그 사이의 시간은 사라진 시간이 되는 것이다. 그러나 요즘 어떤 관객도 이 사라진 시간을 불평하지 않는다. 관객은 영화를 보면서 끊임없이 사라진 시간을 머릿속에서 복원하게 된다. 이 콘티뉴이티continuity(연속)와 디스콘티뉴이티discontinuity(불연속) 사이의 과정이 영화가 문학의 긴 서사를 영화화시키는 열쇠다. 소설 속 하루를 영화 속에 재현해서 그 소설을 다 보여줄 수도 있고, 가장 중요한 순간들을 선택해 보여줄 수도 있다. 이 시간의 연속과 불연속의 과정 속에서 영화와 관객은 끊임없는 사고의 화학작용을 통해 문학의 서사에 못지않은 영화 특유의 서사를 만들어내는 것이다.

영화는 또 문학에 비해 외면적이다. '그는 기분이 나빴다'라는 문학적 진술은 영화 속에서는 그 인물이 손에 든 우산을 집어 던지거나, 길바닥에 놓인 돌을 차는 것으로 묘사된다. 문학이 주인공의 생각을 내면적인 직접 진술에 의존한다면 영화는 외면적인 행동화로 보여준다. 외면적인 진술은 직접적인 문학적 진술보다 훨씬 우회적이다. 이 우회 속에 영화적 사고의 가능성이 다시 생긴다. 관객들은 인물의 행동을 보고서 그것을 해석해야 하는 사고 과정을 다시 거치게 되는 것이다. 그래서 좋은 영화는 대사보다는 시각적인 것들로 표현돼야 한다. 시각적인 것이 영화 매체의 가장 강력한 특징이기 때문이다. 문학이 글로서 표현했던 모든 것은 영화 속에서 다시 영화의 방식에 의해 수용되고 있는 것이다. 영화는 문학에서 이야기를 빌려왔지만, 그 이야기들은 영화적인 방식으로 다시 재편된다. 이 영화적인 각색의 과정을 통해서 우리는 영화로서의 고전을 만나게 되며 그것은 더 이상 문학적 고전에 대해 열등하지 않다. 오히려 워낙 강력해 영화의 방식이 문학의 기술 방식에도 영향을 미치고 있다. 최근의 소설들의 표현 방식을 보면 예전 소설보다 훨씬 더 시각적이라는 점에서 영화가 문학에 미친 영향을 엿볼 수 있는 것이다.

영화와 역사

로마 시대에 사람들은 어떻게 살았을까? 신라나 백제 시대의 사람들은 어떤 옷을 입고 어떻게 살았을까? 이런 질문을 받으면 사람들은 자연스럽게 어떤 그림들을 머리에 떠올릴 것이다. 머리에 빗자루 같은 투구를 쓰고, 끈으로 묶여진 샌들을 신고 있는 로마의 병정들이 떠오를 것이고, 소매가 넓은 예전 한복을 입고 귀밑머리를 늘어뜨린 신라의 여인도 떠오를 것이다. 이런 그림들은 어떻게 사람들의 머리에 생겨나게 된 것일까? 예전의 벽화나 조각품들을 통해서 생겨난 것일까? 아니다. 벽화나 조각품 속의 사람들은 오늘날의 사람들보다 키도 작고 얼굴도 다소 크다. 그런데 여러분 머리에 생겨난 예전의 사람들은 오늘날의 기준으로도 아주 잘생긴 사람들일 것이다. 아예 장동건이나 권상우 같은 오늘날의 배우의 모습을 하고 있을지도 모른다. 그렇다면 답은 간단하다. 여러분들의 머릿속에서 재현된 과거의 모습은 영화나 TV를 통해서 생긴 것이다. 그만큼 우리는 영화나 TV가 재현한 과거를 자연스럽게 실제 과거로 받아들이고 있는 것이다. 영화가 역사를 대하는 첫 번째 방식은 이처럼 과거를 생생하게 우리들 앞에 재현시키는 것이다. 어찌면 우리는 영화가 만들어준 타임머신 속에서 살고 있는 것인지도 모른다.

아리스토텔레스Aristoteles는 역사는 개별적인 것을 이야기하고 문학은 보편적인 것을 이야기한다고 했다. 여기에서 문학은 이야기라는 측면에서 영화라고도 말할 수 있다. 역사는 실제로 일어난 사건들이고 영화는 그 사건들 속에서 지금의 관객들에게도 통용될 수 있는 보편적인 것들을 길어 올려 이야기로 만드는 것이다. 더구나 영화는 단지 글로 이야기되는 문학보다 그 시대의 모든 것들을 생생하게 재현한다. 오죽하면 그 시대의 복식이나 소품 등을 재현하는데 유독 초점을 맞춘 코스튬 드라마costume drama라는 영화 장르가 생겼겠는가?

그러나 영화가 역사를 다루데 있어 가장 중요한 것은 바로 역사 속의 사람이다. 역사 속의 인물들은 영화를 통해서 살과 피를 얻고 말과 행동을 얻는다. 시저Caesar도, 세종대왕도 심지어 예수도 영화를 통해서 우리 앞에 살아 있는 사람이 된다. 영화를 통해서 역사 속의 인물들은 오늘날의 사람들에게도 여전히 의미 있는 보편성을 띄게 되는 것이다.

그러나 영화가 다루는 역사의 보편화는 때론 위험하기도 하다. E. H. 카Carr가 말했던 '역사는 과거와 현재의 대화'라는 측면에서 그렇다. 바로 역사에는 그 역사를 보는 현재의 입장이 언제나 반영되어 있다. 또한 그 역사를 보는 세력의 입장도 언제나 반영돼 있다. 역사는 기술하는 자의 선택일 뿐이라는 시니컬한 역사관을 우리는 국가 간 아니면 국내의 세력들 간의 역사교과서 논쟁에서 익숙하게 경험하고 있다.

그러나 영화가 역사를 보는 입장은 '흥미로운 이야기'일 뿐이다. 영화는 당대 관객들의 입맛에 맞는 흥미로운 이야기를 만들기 위해 언제나 역사를 왜곡하는 것이다. 갈등이 없으면 갈등을 만들고, 악한 자가 이기는 역사를 선한 자가 이기는 역사로 만들고, 아름다운 여인이 필요하면 역사 속에 아름다운 여인을 만든다. 많은 역사 영화를 볼 때 영화의 첫머리에 등장하는 "이 이야기는 실제 이야기와는 다를 수도 있습니다"라는 자막은 영화감독들이 흥미로운 이야기를 만들기 위해 스스로를 위한 면죄부를 달아놓은 것이라고도 볼 수 있다. 영화 〈왕의 남자〉를 보면 광대들이 임금 앞에서 여러 공연을 하면서 중국의 경극까지 공연하는 장면이 있다. 한국의 공연문화 역사에 조금이라도 관심이 있는 사람이면 조선시대에 중국의 경극은 전혀 맞지 않는다는 것을 알 수 있다. 당시 중국과 공연문화의 교류가 많지도 않았고, 조선시대에 경극을 공연했다는 기록도 전혀 없기 때문이다. 실제로 영화 제작진도 이 문제로 고민을 많이 했다고 한다. 그러나 최종적으로는 경극 장면을 넣기로 결정했다. 이유는 단 한 가지, 광대들의 경극 공연이 시각적으로 화려한 것을 바랐던 감독의 의도에 맞았기 때문이다. 결과는 어땠는가? 영화는 초유의 성공을 거두었고 아무도 이 경극장면을 문제 삼지 않았다. 최근의 영화 〈불꽃처럼 나비처럼〉은 명성왕후와 그녀를 사랑했던 무사의 이야기를 다루었다. 조선이라는 엄격한 신분사회에서 전혀 가능하지 않았던 일을 영화는 지고지순한 사랑으로 표현해내고 있다. 시각적으로도 우리가 보는 역사 영화 속의 장면들은 기실 그 시기의 리얼리티와는 아무런 관련이 없을 수도 있다. 전기가 없던 조선시대의 방 안이 그렇게 밝을 리 없으며, 지금보다 섬유제조 기술이나 염색 기술이 비교할 수 없이 낮았던 조선시대의 한복들이 그렇게 아름다울 리도 없다. 역사 영화 속에서의 고증은 점점 더 거추장스러운 짐이 되어가고 있고, 영화 속 장면들은 해당 시기의 리얼리티가 아니라 그 영화를 만드는 시기의 기술력을 반영하고 있을 뿐이다.

최근의 퓨전 사극fusion historical drama에 대한 논쟁도 같은 맥락에서 살펴볼 수 있다. 역사적 특수성과 영화적 보편성과의 관계에서 보편성의 측면이 지나치게 강조된 드라마들이 바로 퓨전 사극이라고 할 수 있다. 역사적 사실보다는 현대 관객의 취향을 영화 속에 적극 반영한 것이다. 처음에는 젊은 관객들의 취향에 맞추려 소위 유행가들로 배경음악을 삽입하는 정도였다. 예전에는 역사극에는 철저히 민속음악을 썼고, 현대음악을 쓰더라도 가사가 없는 순수 연주곡들만 쓰는 게 관례였다. 그런데 불쑥 요즘 아이돌 그룹의 최신 유행가들이 등장하게 되었다. 영화 음악이 영화 속 정서를 만들어내는 것을 돕는다면 과거의 감정을 현대의 음악으로 만들어내고 있는 것이다. 〈추노〉라는 인기 드라마 속 주인공 남녀의 애타는 사랑은 요즘의 애절한 발라드가 수식해준다. 여기까지는 그래도 약과다. 관객들이 좋아하는 것을 눈치 챈 역사극 제작자들은 이제 말씨도 현대의 말씨로 바꾸기 시작했다. 사극 속의 장엄한 대사들은 점점 더 경량화되었다. 심지어 어떤 드라마에서는 당대의 유행어까지 등장하게 되었다. 점점 더 용기를 갖게 된 제작자들은 이제는 의복을 바꾸고, 헤어스타일을 바꾸기 시작했다. 홍길동은 그런지 룩의 의상을 입고, 헤어스타일도 홍대 앞 음악 하는 젊은이들처럼 세련된 모양을 하기 시작했다. 그러더니 아예 이야기가 전개되는 그 시대에 속하지 않은 것들을 섞기 시작했다. 조선시대에 나이트클럽이 있어서 기생들과 부킹을 하는 영화 〈낭만자객〉이 만들어졌으며, TV e드라마 〈춘향전〉은 성춘향, 이몽룡 등의 이름만 남기고 아예 현대로 전체 무대를 옮겨 방송되었다. 보편성은 관객 취향에의 영합으로 타락하고 그 영합의 끝에 시대불명, 국적불명의 영화들이 양산되고 있다. 영화는 역사를 우리 앞에 생생한 것으로 다시 살려 놓았지만 이제는 역사를 잃어버리고 있는 것이다.

영화와 철학

영화와 철학의 관계도 그 시작에 있어서는 영화와 문학의 관계만큼이나 불편했다. 많은 철학자들은 영화가 보여주는 실체 없는 그림자가 진리에 대한 접근을 혼란스럽게 한다고 영화를 비난했다. 하이데거Heidegger는 "영화는 진기하지만 이와 동시에 정말 상투적인 상상력의 영역으로 관객들을 실어가 우리가 살고 있는 세계와 전혀 관계없는 세계에 대한 환상을 제공해준다"고 영화를 비난했다. 그러나 이런 철학자들의 우려에도 불구하고 영화는 20세기의 주도적 예술이 되었을 뿐만 아니라 그

엄청난 대중적 파급력으로 세계의 일부가 되었다. 철학자들도 이제 이 뚜렷하고 강고한 세계와의 대면을 피할 수 없게 된 것이다.

메를로 퐁티의 현상학으로부터 영화 현상학을 발전시킨 학자들은 시각을 단순히 외부세계와 연관된 지각활동이 아니라 온몸이 욕망하는 지향활동으로 이해하며 영화의 시각성을 철학의 문제 속으로 귀속시켰다. 질 들뢰즈Gilles Deleuze는 운동을 공간상의 위치의 변화로 이해하고 시간 역시 공간적인 사유로 해석한 베르그송Bergson의 공간과 시간이 영화 속에서 실현되었다고 했다. 물론 초당 24프레임의 정사진의 연속적인 영사로 움직임을 얻게 되는 영화가 베르그송의 운동개념보다는 움직이는 모든 것은 실은 정지된 것이라고 주장했던 그리스 철학자 제논Xenon의 개념에 더 가깝다는 반론도 있었지만, 들뢰즈는 그것은 영화를 관객의 체험으로 보지 않고 그 원리적인 기계 움직임으로만 파악하려는 단견이라고 지적했다. 또한 구소련의 영화들은 마르크스주의 철학을 영화 제작의 내적 원리로 발전시키기도 했다. 소련 영화감독 에이젠슈타인Eisenstein은 정반합이라는 헤겔식 변증법을 편집에 적용시켰는데, 전혀 상관없는 쇼트와 쇼트의 충돌은 또 다른 관념으로 고양된다는 것이 그것이다. 그의 〈전함 포템킨〉에서 웅성거리는 수병들의 모습을 보여주는 숏과 솥 안에서 펄펄 끓고 있는 국을 보여주는 숏을 연속적으로 보여주면 그것은 수병들의 가슴 속에서 들끓는 혁명의 의지를 나타내는 관념으로 고양된다는 것이다. 롱테이크long take(카메라를 멈추지 않고 오랫동안 연속해서 찍는 방식)와 고전적 편집(장면을 여러 개의 쇼트로 나누어 이어붙이는 방식) 사이에는 세계를 보는 객관성과 주관성의 문제가 가로 놓여 있다. 커다란 스크린에 가득 찬 사람의 얼굴 클로즈업 쇼트는 얼굴로 표상되는 존재론의 새로운 영역을 발전시켰다. 영상과 소리의 관계에서도, 배우의 연기에서 행동과 대사의 관계에서도 미세한 철학적 인식론은 관계하고 있다. 철학은 이제 영화를 해석할 뿐만 아니라 영화를 새롭게 만들어가는 데도 긴밀하게 영향을 미치고 있는 것이다.

그러나 철학과 영화가 맺고 있는 본질의 관계는 주제에서 나온다. 주제란 과연 무엇인가? 중고등학교 시절 시험 문제에 자주 나오는 것들이 주제일까? 교과서의 어느 글의 주제는 '나라 사랑'이었고, 어느 글의 주제는 '독립에의 의지'였던가? 한국인이 주제라는 말을 들었을 때 처음 떠올리는 것들이 대략 이런 것들이지만 실상 영화에서의 주제는 이것들보다는 좀 더 개인적인 것이다. 즉 관객 개개인의 존재와 영화가 만들어내는 접점 같은 것이라고도 볼 수 있다. 이렇게 해서 주제는 죽어있는 집단적 구호가 아니라 살아있는 철학과 관계를 맺어가게 되는 것이다.

'〈살인의 추억〉의 주제는 무엇인가?'라는 질문에 대부분의 한국 관객들은 '공권력의 무력함'이나 '인간 범죄의 흉포함', 혹은 '한국 사회의 권위주의'라고 대답한다. 이런 것들은 사실 주제라기보다는 이야기의 배경이라고 보는 게 맞다. 관객이라는 존재와 영화가 맺는 관계에서 볼 때 이런 것들은 기실 아무런 연관도 만들어내지 않기 때문이다. 필자가 생각하는 이 영화의 주제는 '집념' 그 중에서도 '무모한 집념'이다. 이 영화는 어떠한 보상도 없이 집념을 갖는 사람들의 이야기다. 영화의 마지막 장면에서 이제 진범을 잡기를 포기하고 무슨 정수기 판매업자로 살고 있는 주인공은 우연히 예전의 범죄현장을 접하고 잊었던 집념을 되살린다. 이렇듯 이 영화는 그 처음부터 끝까지 집념에 관한 영화인 것이고, 그렇다면 그것은 의지가 모든 존재를 규정하는 근거라고 한 쇼펜하우어 Schopenhauer나 니체 Nietzsche의 사상과 관계하고 있는 것이다. 그렇다면 허진호 감독의 영화 〈봄날은 간다〉의 주제는 무엇일까? "사랑이 어떻게 변하니?"라는 대사로 유명한 이 영화의 주제는 삶의 순간성, 즉 '삶에서 변하지 않는 것은 없다'라는 것이다. 이것을 좀 더 관객 개인의 존재와 연결하면 '변화의 인정, 혹은 수용'에 관한 이야기가 되는 것이다. 주인공인 상우는 변한 사랑에 상처받지만 결국 그 변화를 인정하면서 영화는 끝이 난다. 그래서 제목도 삶의 순간성을 긍정하는 '봄날은 간다'인 것이다. 그리스 철학자 헤라클레이토스Herakleitos는 "사람들은 같은 강에 발을 담그지만 흐르는 물은 늘 다르다"고 했다. 만물은 유전流轉, 즉 언제나 변화하고 우리가 할 일은 그 변화 속에서 스스로의 균형을 찾아가는 일이 되는 것이다. 〈매트릭스〉라는 영화에서 실재의 세계와 가상, 즉 의식 속에 존재하는 세계의 대립은 보드리야르Baudrillard의 시뮬라크르와 시뮬라시옹의 관계를 연상케 한다. 실재 세계와 그 실재보다 더 실재 같은 가상세계를 오가는 주인공을 보면서 우리는 '세계는 우리의 인식과 관계없이 실재하는 것인가? 아니면 우리의 인식 속에서만 존재하는 것인가?'라는 오래된 철학적 명제를 떠올린다. 톰 크루즈가 주연했던 〈마이너리티 리포트〉에서는 인간은 과거와 현재, 그리고 미래가 동시적으로 혼재된 시간 속에 놓인다. '인간은 어느 시간을 사는 존재인가?'라는 이 영화의 주제적 질문은 존재를 현재만이 아닌 시간의 움직임 속에서 파악하려 했던 하이데거 철학을 생각나게 한다. 단지 이름난 철학자들의 학설에서만 영화 주제의 철학적 해석이 나오는 것은 아니다. 인간의 존재에 대해 사고하는 모든 과정을 철학으로 볼 때 영화 속에서 의미 있는 생각들을 읽으려는 모든 자세를 우리는 영화와 철학의 관계 속에 위치시킬 수 있다. 그것은 또한 산업의 논리로만 치닫는 영화를 '인간을 위한 예술'로 돌려놓는 작업이기도 하다.

아바타

2009년 말에서 2010년 초는 전 세계적으로 〈아바타〉의 시간이라고 볼 수 있다. 전 세계적인 흥행 기록들을 갈아치웠고, 한국에서도 〈괴물〉을 제치고 역대 흥행 1위의 영화가 되었다. 〈아바타〉가 성공한 이유로 3D 기술이나 디지털 테크놀로지 등 기술적인 것들이 거론된다. 하지만 필자의 생각으로 〈아바타〉의 성공은 그 이야기의 새로움 때문이다.

앞에서도 이야기했듯이 영화는 거짓 이야기를 전하는 매체가 되면서 20세기의 주도적인 예술이 될 수 있었다. 그 거짓의 이야기들은 주로 우리의 일상을 사실적으로 조작하면서 시작됐다. 사실적인 거짓 이야기였던 것이다. 〈아바타〉는 이 거짓성에 전혀 새로운 단계를 부여한다. 그것은 일상이 아니라 우리가 디지털 속에서 경험하던 세계를 이야기 안으로 끌고 들어와 새로운 디지털 거짓을 만들어낸 것이다. 일상의 픽션은 이제 전시대의 영화 이야기가 되었다. 〈아바타〉를 시작으로 우리는 영화 속에서 우리가 한 번도 경험해 보지 않았던 가상의 세계를 경험할 수 있게 되었으며, 그것은 〈매트릭스〉의 가상세계처럼 현실보다 더 현실로 보인다. 〈아바타〉가 제시하는 디지털 영화의 세상은 그만큼 강력한 것이다. 영화는 이제 기존의 영화에 게임·꿈·가상세계가 혼합된 전혀 새로운 장르로 거듭나고 있다. 그 변화의 중심은 기술이 아니라 이야기다. 이야기가 중심인 한 영화는 여전히 문학과 밀접한 관계를 맺지 않을 수 없다. 그리고 문학이 중심인 한 어떻게 변화해도 여전히 인간에 관한 문제가 중심일 것이다.

〈아바타〉의 이야기는 역사에도 빚지고 있다. 미국의 인디언 잔혹사나 흑인 인종차별주의 역사는 〈아바타〉의 이야기와 긴밀한 관계를 맺고 있다. 어쩌면 이 영화는 그 역사적 사실들로부터 보편성을 길어 올리고 그것을 21세기 관객이 선호하는 경험으로 만들어 놓은 퓨전 사극인지도 모른다. 〈아바타〉의 주제는 철학적 자연주의와 존재론과도 깊숙한 관계를 맺고 있다. 그것은 물리적 실체인 몸과 정신적 실체인 의식 중 어떤 존재가 인간에게 더 중요한가를 묻고 있는 것이기도 하다. 이쯤에서, 인문학이 영화와 맺는 관계는 자명해진다. 영화는 다른 예술과는 달리 수천 억에 이르는 거대한 제작비가 들어가는 예술이다. 그렇기에 전 세계에서 동시에 수 억의 관객을 모으며, 그 바탕에는 언제나 강한 산업 논리가 깔려 있다. 인문학—더하여 문학과 역사, 그리고 철학—은 그 산업 논리로부터 영화를, 인간을 위한 예술로 돌려놓는 역할을 해야 한다. 다시 말하면 인문학은 영화에서 인본주의humanism를 지키는 역할을 하는 것이다. 역사에서 보편성을 길어, 문학은 인간에 대한 이야기를 만들고 철학은 그 이야기의 의미를 묻는다. 그렇게 하지 않으면 영화는 곧 시장의 상품이나 신기술의 공산품 정도로 떨어질 것이기 때문이다.

더 읽어볼 책들

- **아리스토텔레스, 천병희 옮김, 『시학』, 문예출판사, 2002.**

서사시와 비극, 희극에 대한 분석을 통해 훌륭한 스토리를 구성하는 방법을 안내해준다. 여러 고전들의 예를 통해 그 이론이 뒷받침되고 있으며, 특히 단순/복잡의 구성과 비극적 감정을 극대화시키기 위한 플롯 구성법에 대한 설명은 영화 스토리텔링의 기초가 될 수 있다.

- **로버트 맥기, 고영범·이승민 옮김, 『시나리오 어떻게 쓸 것인가』, 황금가지, 2002.**

시나리오의 기본적인 기법과 장치들에 대해 설명하고 있으며, 이를 통해 독자는 자신이 본 재미있는 영화의 이야기 패턴에 대한 기법들을 파헤칠 수 있다. 단순한 이야기 기법 책이라고 보면 오해. 책 속에서는 이야기가 왜 이야기로서 성립하는지에 대한 철학적 성찰까지 언급된다.

- **박유희, 『서사의 숲에서 한국영화를 바라보다』, 다빈치, 2008.**

23편의 한국 영화를 인문학의 서사 담론을 적용해 비평하고 있다. 한국 영화의 '서사 빈곤' 원인을 관객의 기대와 작가 의식 사이에서 균형을 찾지 못하는 영화계의 현실에서 찾고 있다. 이 책을 읽은 독자는 영화의 서사를 단순한 스토리 그 이상의 의미로 파악하여 영화를 분석하는 안목을 키울 수 있을 것이다.

- **이왕주, 『철학, 영화를 캐스팅하다』, 효형출판, 2005.**

영화를 볼 때, 관객이 자신의 뜻을 만들어가며 즐겁게 영화와 만나도록 제안한다. 이 책을 통해 독자는 영화를 닫힌 작품이 아닌 열려 있는 텍스트로서 이해하고, 그 텍스트의 철학적 성찰을 공유할 수 있게 될 것이다.

● **김용성, 『제국의 습격—영화, 역사를 말하다』**, MBC프로덕션, 2008.

동아시아와 아프리카, 라틴아메리카, 북아메리카 대륙의 나라들을 배경으로 하는 영화 23편을 소개하면서 그 속에 담겨 있는 역사적 배경들을 설명해준다. 독자는 영화를 통한 역사의 재해석을 통해 역사에 대한 안목을 키움과 동시에 역사가로서의 영화에 대한 또 다른 의미를 찾게 될 것이다.

인문학, 소통과 공생의 지혜

TV 사극을 통해 본 조선왕조의 역사상

우경섭

근래 방영된 사극들을 살펴보면, 대략 두 가지 장면이 머릿속에 떠오른다. 첫째는 드넓은 만주 벌판을 배경으로 펼쳐지는 고대 영웅들의 전투 장면이고, 둘째는 궁궐에서 벌어지는 조선왕조 인물들의 모략과 암투이다. 5천 년 역사 속의 헤아릴 수 없이 수많은 사건과 인물들 가운데 이와 같은 두 가지 이미지가 우리 머릿속에 각인되어 있는 까닭은 무엇일까?

우경섭

서울대학교 인문대학 국사학과에서 「송시열의 세도정치사상 연구」로 박사학위를 받았다. 조선후기 정치사상사 및 국제관계사에 관심을 갖고 연구하고 있다. 지은 책으로 『시대의 디자이너들—우리의 역사를 설계한 5명의 영웅들』(공저)이 있다. 현재 인하대학교 한국학연구소 HK교수.

인문학, 소통과 공생의 지혜

TV 사극을 통해 본 조선왕조의 역사상

사극과 역사

TV에서 역사를 소재로 삼은 드라마 즉 사극史劇은 여전한 인기를 누리고 있다. 이런 현상은 비단 어제 오늘의 일만은 아닌 듯하다. 한국 사회에 TV가 보급되기 시작하던 1964년 KBS에서 호동왕자와 낙랑공주의 이야기를 다룬 〈국토만리〉가 방영된 이래, 사극은 방송의 주요 아이템 중 하나이다. 지금도 각 방송사들이 사극에 투입하는 공력과 제작비는 다른 장르의 2배 이상이라고 한다. 최근 방영되었거나 방영 중인 〈선덕여왕〉과 〈추노〉, 〈동이〉 등의 드라마들 또한 높은 시청률을 기록하며 2010년 한국 사회의 중요한 문화적 이슈로 등장하였다.

여러 가지 의미에서 사극에 대한 관심과 열풍은 해방 이후 한국 사회에서 주목할 만한 문화현상 가운데 하나이다. 그런데 과거의 사실을 소재로 삼는다는 점에서, 사극은 역사학의 흥미로운 검토 대상 중 하나이기도 하다. 서점이나 도서관을 통해 만나는 역사소설, 또는 극장까지 찾아가 비싼 돈을 주고 관람해야 하는 역사영화와 달리, 사극은 우리 주위에 널려 있는 TV라는 매체를 통해 수시로 그리고 무료로 접할 수 있다. 게다가 공인받은 역사적 사실 위주로 제작되다보니 딱딱할 수밖에 없는 다큐멘터리와 달리, 우리가 알고 있는 과거의 사실에 남녀 간의 사랑과 같은 허구적 요소를 가미한 까닭에 감상의 재미도 한층 더하다. 일반 대중이 역사를 접하는 가장 손쉬운 통로라는 점에서, 사극은 대중들이 역사를 바라보는 시각에 실로 적지 않은 영향을 미쳐왔다. 그렇기 때문에 사극은 분명 역사학적 안목에서 그 성격과 기능을 숙고해 볼 필요가 있다.

사실과 허구, 그리고 역사인식

사극은 여러 기준에 따라 다양하게 분류될 수 있다. 분량에 따라 1회만 방영되는 단막극부터 1년이 넘는 기간 동안 방영되는 대하大河 사극에 이르기까지 그 성격이 다를 수 있고, 다루는 시기에 따라 고전(삼국~조선)과 현대물

(20세기)의 차별성이 있을 수 있다. 그런데 역사학의 관점에서 사극을 분류해 보자면, 무엇보다 드라마의 역사적 사실성 여부를 가장 중요한 기준으로 삼게 된다. 드라마의 내용 중 어디까지가 사실이고 어디까지가 허구인가? 필자가 주위로부터 가장 많이 받는 질문이 바로 그러한 내용이다. 대장금이 실존했던 인물인지, 노비를 쫓아다니던 추노꾼이 정말 있었는지, 최근에는 숙종의 경망스러움과 장희빈의 이지적 이미지가 사실에 부합하는 것인지 등등.

필자는 우선 드라마의 역사적 사실성 정도에 따라, 지나간 시대를 단순히 드라마의 배경으로 차용하는 의상극 costume film 및 사실에 기반하되 일부 허구를 가미한 팩션극faction film으로 분류[1]하는데 어느 정도 동의한다. 예컨대 〈일지매〉 혹은 〈다모〉의 경우 '사랑' 혹은 '갈등'이라는 인간사회의 보편적 주제가 드러날 뿐 시대성에 대한 고민은 거의 찾아볼 수 없다. 그저 조선왕조라는 과거를 병풍처럼 배경으로 깔아놓은 채 등장인물에게 옛날 옷을 입혀 연기하게 만든 전형적인 의상극이라 할 수 있다. 반면 18세기 후반의 역사적 사건들과 인물들의 활동을 사

1 김시무, 「사극(史劇)과 팩션영화의 경계—일제 강점기를 시대적 배경으로 한 영화를 중심으로」, 『시민인문학』 16, 경기대 인문과학연구소, 2009, 10~24쪽.

료에 충실히 의거하여 재구성하되 일부 드라마적 요소와 작가적 상상력을 가미하였던 〈이산〉과 같은 경우는 분명 사실fact과 허구fiction의 혼합물인 팩션극으로 볼 수 있다.

그런데 문제는 드라마 속 사실과 허구의 경계를 어떻게 설정하느냐는 것이다. 〈대장금〉의 경우 『중종실록』에 등장하는 한 의녀大長今를 주인공으로 삼았지만, 사실 대장금이라는 이름은 실록에 겨우 4번 나타난다. 〈대장금〉의 내용 대부분은 상상력의 소산으로, 이것이 의상극에 속하는지 팩션극에 속하는지 판단하기란 쉽지 않다. 더구나 〈선덕여왕〉 '미실'의 경우는 한층 더 복잡하다. 미실이란 여인은 신라시대 김대문이 저술한 『화랑세기花郎世紀』라는 사료에서 그 이름을 찾아볼 수 있다. 그런데 『화랑세기』는 그 동안 사라진 것으로 여겨지다가 1989년 갑자기 세상에 나타났기에, 학계에서 지금까지 『화랑세기』의 진위 여부를 둘러싸고 논쟁이 계속되고 있다. 만약 『화랑세기』가 진본이라면 〈선덕여왕〉은 팩션극이 되겠지만, 『화랑세기』가 위서라면 〈선덕여왕〉은 의상극이 되는 것일까?

그러나 필자는 사극을 시청할 때 역사적 사실성의 정도를 그리 심각하게 고민할 필요가 없다고 생각한다. '드라마는 드라마일 뿐 오해하지 말자'라는 입장이다. 아무도 흥미를 느끼지 못하는 사극은 현실적으로 아무런 역할을 수행할 수 없다. 사극은 우선 재미있어야 하고, 그렇게 때문에 시청자의 관심을 이끌어내기 위한 허구적 요소를 집어넣을 수밖에 없다. 그러므로 어떤 사극이 역사적 사실을 제대로 반영하지 못했다고 하여 그 제작자들을 '비역사적'이라고 비난할 필요는 없다. 사극은 그저 작가의 역사적 상상력의 소산으로 간주되어야 할 뿐이며, 거기에서 사실 관계를 집요하게 따질 필요는 없다는 것이다. 다만 이 글에서 곰곰이 생각해 보고자 하는 바는 허구와 사실의 밑바닥에 흐르는 '역사인식'에 관한 문제이다.

사극의 내용은 크게 세 단계로 구분해 볼 수 있다. 첫째는 표면에서 전개되는 줄거리의 흐름이다. 숙종을 둘러싸고 벌어지는 인현왕후와 장희빈 게다가 요즘은 동이까지 합세한 복잡다단한 연애 이야기, 새로운 세상을 꿈꾸는 추노꾼 대길과 왕조사회의 전통적 세계관을 대변하는 태하의 대립 등, 사람들 사이에서 벌어지는 사랑과 갈등이 사극의 일반적 줄거리라 할 수 있다. 그런데 사극이 다큐멘터리가 아닌 이상 스토리의 전개가 반드시 사료에 근거할 수도 없다. 숙종과 동이의 만남은 18~19세기 조선정치사의 전개과정에서 대단히 중요한 의미를 지니는 사건이지만, 당시 두 사람의 만남이 어떻게 이루어졌는지

『조선왕조실록』에 구체적으로 기록되었을 리 만무하기 때문이다. 그런 부분에 대해서는 시청자의 개인적 감정과 경험에 감상을 맡길 따름이다.

둘째는, 줄거리가 전개되는 시대적 배경과 그 위에 놓여진 역사적 사실이다. 임진왜란을 배경으로 한 〈불멸의 이순신〉, 병자호란 패전 직후 청나라와의 긴장 속에 전개된 〈추노〉, 왕위 계승을 둘러싸고 붕당 간의 갈등이 벌어지던 〈이산〉과 〈동이〉, 조선후기 상업자본의 축적과 거대 자본가의 등장을 그린 〈김만덕〉 등에서는 시대적 배경 및 역사적 사건들이 주인공 못지않게 드라마의 중요한 요소로 자리잡고 있다. 의상극 혹은 퓨전사극을 제외하고 말한다면, 그같은 시대성은 분명 사극의 본질적 요소 가운데 하나이며 역사학의 검토를 거쳐야 할 대상이다. 그러므로 역사학자들은 흔히 '고증考證'이라는 역할로 거기에 개입한다. 그런데 인터넷을 통해 『조선왕조실록』을 비롯한 전통시대 사료들을 누구나 쉽게 한글로 검색할 수 있게 되면서, 일반인들 중에서 역사학자들 못지않게 정확한 평가와 지적을 제시하는 경우도 흔히 찾아볼 수 있다. 역대 조선왕실 인물들을 탤런트 사진으로 채워넣은 〈사극으로 보는 조선왕실 계보도〉와 같이 흥미있는 정리 작업을 비롯하여,[2] 분장과 소품의 하자瑕疵(옥의 티)를 찾아내거나 스토리의 진실과 거짓을 분별해 낸 훌륭한 예들은 인터넷에서 얼마든지 찾아볼 수 있다. 그처럼 드라마의 시대성과 사실관계를 염두에 두고서 '옥의 티'를 찾아보는 작업은 분명 사극을 보는 재미를 배가시켜 줄 것이다.

그런데 역사학적 안목에서 사극을 본다는 것이 드라마의 시대성과 사실관계를 확인하는 것이 전부일까? '사史'라는 표현을 쓰는 이상 사실의 정확성은 중요한 요소 중 하나이겠지만, '극劇'이라는 점을 고려할 때 어디까지 사실에 부합해야 하는지 단정하기란 쉽지 않다. 그리고 최근 역사학의 동향을 살펴보면, 역사학의 본질과 관련하여 보다 깊이 고민할 바가 있을 듯하다. 세 번째가 바로 그와 관련된 것으로, 사실/허구의 차원 기저에 흐르는 역사인식의 문제이다.

팩션faction으로서 사극에 담긴 역사인식 그리고 그것의 재생산 과정에 대하여 살펴볼 때, 우선 역사학이란 결코 사실의 자연스러운 나열 또는 서술이 아니라고 말했던 20세기 이래 여러 학자들의 주장을 숙고할 필요가 있다. 거기에는 역사가의 편견과 시대적 환경 등 주관적 요소

2 「매거진 esc—난 사극에서 역사를 공부했다」, 『한겨레』, 2010. 4. 29.

가 개입될 수밖에 없으며, 따라서 객관적이고 가치중립적인 역사 서술은 애초에 불가능한 것일지 모른다는 회의가 전제되어 있다. 이 말은 과거에 대한 기억이 특정한 현실 속에서 재생산되고 구조화될 수밖에 없음을 의미한다. 우리가 과거를 되짚는 것은 과거의 사실 자체가 의미를 지니기 때문이 아니라, 현재적 고민이 과거의 사실에 의미를 부여하기 때문이라는 말이다.

과거의 사실에 대하여 역사학자의 주관적 판단과 선택이 필연적으로 개입할 수밖에 없음을 인정한 『역사란 무엇인가』의 유명한 명제 "역사란 과거와 현재와의 대화이다."를 넘어서, 최근 역사학계에는 "창조된 전통invented tradition" 혹은 "집단기억collective memory"이라는 말이 유행하고 있다. 이는 역사학에서 객관적이고 가치중립적인 서술이 거의 불가능하다는 점과 더불어, 도대체 사실과 허구의 경계가 무엇인지에 대한 깊은 회의를 담고 있다. 더 나아가 근대 역사학이 실증과 과학이라는 명분으로 역사학에 담겨진 비이성적 요소들을 금지했다면, 최근의 역사학은 역사 서술 자체가 지닌 본질적 요소로서 주관성에 주목하며, 사실과 뒤섞인 허구까지도 역사학의 주요 요소로 포함시키자고 주장한다. "꿈꾸는 역사를 허許하라"는 것이다.[3]

이 글에서 말하려는 내용은 주로 이러한 경향과 관련

된 문제이다. 사극의 내용 중 어디까지가 사실이고 어디까지가 허구인지 구분하는 작업은 최근 역사학의 동향에서 본다면 그다지 중요한 문제가 아니다. 그보다는 사극에 포함된 사실과 허구를 통틀어 하나의 '상像, image'으로 간주하되, 그러한 역사상 혹은 역사적 이미지가 어떠한 인식의 흐름 속에서 생산되고 기능하는지 살피는 것이 중요하다. 과거의 특정 인물 혹은 사건을 왜 무덤 속에서 불러내어 현재의 TV를 통해 재생시키는지 그 이유를 검토하는 작업, 그것은 현재의 우리가 과거에 대해 어떠한 모습을 요구하고 있는지 검토하는 작업이기도 하다. 특히 필자가 주목하고자 하는 바는 우리의 집단적 역사인식을 형성케 하는 '일상의 대화' 매체로서 사극의 기능이다. 현재적 문제의식이 사극을 통해 역사로 환원되어 집단적으로 재생산되고 있는 점에 유의할 필요가 있다는 말이다.

근래 방영된 사극들을 살펴보면, 대략 두 가지 장면이 머릿속에 떠오른다. 첫째는 드넓은 만주 벌판을 배경으로 펼쳐지는 고대 영웅들의 전투 장면이고, 둘째는 궁궐에서 벌어지는 조선왕조 인물들의 모략과 암투이다. 5천

3 김기봉, 『역사들이 속삭인다—팩션 열풍과 스토리텔링의 역사』, 프로네시스, 2009, 11쪽.

년 역사 속의 헤아릴 수 없이 수많은 사건과 인물들 가운데 이와 같은 두 가지 이미지가 우리 머릿속에 각인되어 있는 까닭은 무엇일까? 두 부류의 인물들과 그들을 둘러싼 사건들을 제외하면, 한국사 속의 다른 사람들과 사건들은 주목할 가치가 없기 때문에 자주 등장하지 않는 것일까? 그것은 아마 현재의 우리가 과거 속에서 찾아보고자 하는 바가 주로 그러한 두 가지 모습이기 때문일 것이다. 그리고 사극을 제작하는 사람들 또한 사극의 주제가 과거의 사실 자체가 지닌 의미 때문이 아니라 현재적 관심사에 의해 결정됨을 말하고 있다. 사극이 일종의 주관적 이데올로기에 의한 과거 사실의 선택적 재발견임을 인정하는 것이다.

얼마 전 방영되었던 〈연개소문〉(S, 2006~2007)[4]은 사극의 주제가 현재의 문제의식에 의하여 선택되고 있음을 분명히 보여준다. 드라마 제작자들이 직접 밝힌 제작의도에 따르면, 삼국시대 수많은 인물들 중 하필 연개소문이라는 인물을 21세기에 되살려낸 이유는 현재 중국이 벌이고 있는 '동북공정' 때문이라는 것이다. 그리고 그 바탕에는 고구려 당시에는 존재하지 않았던, 20세기 초반

4 괄호 안은 방송사 및 방영기간을 의미하며, 각 방송사는 T(TBC), K(KBS), M(MBC), S(SBS)로 약칭한다.

에서야 한국 사회에 등장했던 '민족주의'라는 이데올로기가 깔려 있으며, 더 나아가 중국과 맞섰던 고구려와 같은 강대국의 건설이 미래의 비전으로 제시되고 있다.[5] 부국강병이라는 현재의 과제를 대중에게 역설하기 위하여, 아무런 기록도 남아있지 않고 지금 어디에 묻혀 있는지도 알 수 없는 연개소문이란 인물을 무덤에서 불러내어 TV 앞에 세운 드라마 〈연개소문〉은 사극에 담겨진 현재성을 잘 드러내고 있다. 이러한 의식은 고려왕조를 배경으로 삼은 〈천추태후〉 역시 마찬가지이다.

『고려사』를 비롯한 정사正史 가운데 천추태후는 목종~현종 연간 왕실과 국가를 망친 음탕한 여인으로 그려져 왔다. 그러나 20세기 초반 신채호가 민족주의라는 새로운 역사인식 속에서 요승妖僧으로 간주되어 온 묘청妙淸을 재평가하였듯이, 현대의 작가들은 천추태후를 자주적·민족적 정신을 지녔던 영웅으로 새롭게 그려내고 있다. 그리고 고구려의 연개소문으로부터 발해의 대조영, 그리고 고려의 왕건과 천추태후로 이어지는 민족주의적 인식의 계보를 그려내고 있다.[6] 이는 과거의 사실 그 자체가 현

5 「〈연개소문〉 기획의도—역사는 내일을 위한 어제의 이야기이다」, www.sbs.co.kr.

6 「〈천추태후〉 기획의도—나는 꿈꾼다. 나의 고구려가 대제국이 되는 그날을」, www.kbs.co.kr.

재에 와서야 스스로 그 의미를 드러낸 것일까? 그보다는 근래 세계의 중심국으로 부상하는 중국을 염두에 두고서, 과거의 역사적 사실들을 선별하여 저들과 대응할 만한 민족적 자부심을 회복하려는 현재적 관심이 과거에 투영된 것이 아닐까? 필자는 그동안 역사의 뒤안길에 가려져 있던, 더구나 그 자료가 충분하지도 않은 연개소문과 천추태후의 부활을 지켜보면서, "모든 역사는 현재의 역사"라고 주장했던 현대 역사학의 고민이 그다지 틀린 말이 아니었음을 절감한다.

사극 속의 조선왕조

왕위를 둘러싼 피비린내와 여인들의 천하: 조선전기

과거에 대한 역사인식이 현재성을 지닌다면, 조선왕조를 배경으로 삼은 사극에는 어떠한 현재적 관점이 내재되어 있을까? 사료가 부족하여 '고구려' 이외의 다른 이미지를 담아내기 어려운 고대사보다는, 비교적 기록이 풍부하여 다양한 해석이 존재할 수 있는 조선시대의 역사물에서 역사인식의 문제를 쉽게 이해할 수 있다.

사극에 비춰진 조선왕조의 모습을 머릿속에 그려보면

아마 '당파싸움'이라는 표현이 가장 먼저 떠오를 것이다. 이는 조선인들은 천성적으로 파벌짓기를 좋아하며 당파싸움으로 날을 지새다 결국 망국에 이르렀다는 식의 역사 인식이 드라마를 통해 형상화된 결과이다. 당쟁론黨爭論 혹은 당파성론黨派性論이라 말하는 이같은 인식은 20세기 초반에 이미 조선왕조를 바라보는 기본틀로 자리잡았다. 1907년 일본의 역사학자 시데하라 다이라幣原坦는『한국정쟁지韓國政爭志』라는 책을 통해 조선시대 정치사의 기본 동인動因을 "사사로운 권력 다툼"이라 규정하고, 조선시대 각 당 사이에 벌어진 갈등은 "주의(이념)를 가지고 서로 대립하는 공당公黨이 아니라, 이해를 가지고 배제하는 사쟁私爭"이라 규정하며 당쟁론을 학문적으로 이론화하였다. 이후 시데하라의 주장은 조선왕조를 바라보는 일제강점기 일본 학자들의 기본 입장이 되었을 뿐 아니라, 조선인들조차 그러한 인식을 내면화하며 스스로를 비하하게 되었다.[7]

해방 이후 여지껏 조선왕조의 파쟁적 이미지가 불식되지 못한 데에는 사극의 공헌 또한 적지 않았다. 사람들 사이의 사랑과 갈등이 드라마의 불가결한 요소인지 모르겠지만, 거기에 초점을 맞추다보니 사극 속 조선왕조는

7 20세기 전반 일본인 학자들의 한국사 연구 경향에 관해서는 송찬섭, 「일제의 식민사학」, 『한국의 역사가와 역사학』 하, 창작과비평사, 1994, 304~324쪽 참조.

늘 그 두 가지 요소에 의해 추동되었던 것처럼 그려져 왔다. 권력을 차지하기 위한 쟁투 및 그 주변의 궁중 여인들, 이것이 조선시대 사극을 구성하는 기본 얼개였다. 이러한 구도를 담아내기에 적합한 몇몇 특정 주제들만이 반복적으로 재생되는 가운데, 조선왕조의 파쟁적 이미지는 우리 머릿속에 깊숙이 각인되었다.

사극 속 조선은 개창기부터 왕위를 둘러싼 갈등과 음모가 끊이지 않았던 왕조로 기억된다. 태조가 고려를 무너뜨리고 새 왕조를 개창하기까지의 이합집산과 가혹한 숙청의 과정, 그리고 태종이 형제들을 제거하고 왕위에 오르기 위해 일으킨 두 차례 왕자의 난이 줄거리의 핵심을 이룬다. 거기에 더하여 태조를 도와 새 왕조 개창에 공을 세우고 아들 방석芳碩을 세자로 만들었던 태조비 신덕왕후神德王后 강씨康氏 및 친정을 저버리고 남편의 거사를 후원하여 결국 왕위를 차지하게 만들었던 태종비 원경왕후元敬王后 민씨閔氏 사이의 고부 갈등 또한 태조·태종의 부자 갈등 못지않은 중요한 비중을 차지한다.

이같은 스토리는 〈이성계〉(T, 1967)로부터 〈왕도〉(K, 1976~1977)와 〈개국〉(K, 1983), 그리고 '조선왕조 500년' 시리즈의 첫 편으로 원경왕후를 주인공으로 삼은 〈추동궁마마〉(M, 1983), 사극의 새 지평을 열었다고 평가되는 대하사극 〈용의 눈물〉(K, 1996~1998)에 이르기까지 별다른 변화없이 반복되었다. 왕위를 차지하기 위해 부모 형제 사이에서 벌어진 골육상쟁과 그러한 갈등을 뒤에서 부추기고 조장하는 왕실 여인네 및 가족들의 탐욕스러움, 그것이 지난 40년간 재생되어 온 조선왕조 개창기의 역사상이다.

왕조의 체제가 어느 정도 안정기에 접어든 세종대 이후 상황도 별반 다름이 없다. 단종의 왕위를 세조가 빼앗은 이른바 계유정난癸酉靖難 역시 1960년대 이래 최근까지 지속적으로 각광받아온 주제 중 하나이다. 〈수양대군〉(K, 1966~1967), 〈세조대왕〉(K, 1967), 〈수양산맥〉(M, 1969~1970)이 해를 이어 거듭 방영되었고, 이후에도 〈고운님 여의옵고〉(M, 1980)와 〈파천무〉(K, 1990) 그리고 근자의 〈사육신〉(K, 2007)이 그 뒤를 이었다. 어린 단종과 비정한 숙부 세조뿐 아니라, 단종 편에 서서 죽음을 맞이한 김종서와 사육신의 비장한 최후, 후환을 무릅쓰고 단종의 시신을 거두었던 엄홍도의 충절, 선왕들의 총애를 저버리고 세조의 공신으로 변절한 정인지와 신숙주, 권력에 대한 욕심으로 세조의 거사를 부추기는 한명회 등 온갖 군상들의 기구한 사연은 시청자들의 흥미를 끌기에 부족함이 없을 것이다.

세조의 승하 이후로는 사화士禍의 시대가 펼쳐진다. 국

사 교과서에서는 사화를 훈구勳舊와 사림士林 두 정치세력의 교체 과정으로 설명하지만, 사극 속 사화는 개인적 원한과 갈등이 주된 원인이 되어 빚어진 사건으로 묘사된다. 성종의 어머니 인수대비仁粹大妃가 임금의 총애를 받던 후궁들과 결탁하여 왕비 윤씨를 폐출시킨 뒤 결국 사약을 내렸는데, 훗날 외할머니를 통해 내막을 알게 된 연산군이 어머니의 죽음과 관련된 사람들에게 보복한 사건이 갑자사화甲子士禍였다는 식이다. 며느리에게 투기妬忌의 누명을 씌워 사약을 내린 표독한 시어머니 인수대비, 성종의 총애를 차지하기 위해 왕비를 모해하는 엄숙의嚴叔儀와 정숙의鄭叔儀, 사약을 마시고 피를 토한 딸의 금삼錦衫을 손자에게 전하는 외할머니 신씨, 피묻은 어머니의 금삼에 복수를 다짐하며 아버지의 두 후궁을 참살하고 할머니 인수대비에게 행패를 부리는 연산군, 임금의 개인적 원한을 부채질하여 권력을 유지하려는 임사홍, 임금의 총애를 믿고서 나랏일까지 간여하며 국고를 탕진케 한 요부 장녹수 등, 당쟁론의 전형을 보여주는 수많은 인물들이 연산군대에 총출동한다. 〈사모곡〉(T, 1972), 〈설중매〉(M, 1984), 〈한명회〉(K, 1994), 〈장녹수〉(K, 1995), 〈왕과 비〉(K, 1998~2000), 〈왕과 나〉(S, 2007~2008) 등 이 시기 조선왕실의 난맥상을 그린 드라마는 이루 헤아릴 수 없다.

중종~명종 연간을 다룬 사극에서도 왕위를 둘러싼 피비린내와 왕실 여인들의 표독스러움은 여전하다. 중종반정中宗反正이라는 쿠데타로 연산군이 축출되고 중종이 등극하지만 반정공신들의 위세는 왕권을 능가하였고, 그러한 와중에 훈구세력의 반격으로 기묘사화己卯士禍가 일어나 조광조趙光祖 등 사림들이 대거 숙청된다. 중종 사후에는 장경왕후章敬王后 소생인 인종과 문정왕후文定王后 소생인 명종 사이에 왕좌를 차지하기 위한 싸움이 벌어진다. 인종을 지지하는 대윤大尹과 명종을 지지하는 소윤小尹 간 갈등의 와중에 을사사화乙巳士禍가 일어나 결국 소윤이 대윤을 제거하는데, 이때 문정왕후와 동생 윤원형尹元衡 그리고 윤원형의 첩 정난정鄭蘭貞이 온갖 모략과 술수를 동원하여 자신들의 뜻을 관철시키는 과정은 월탄 박종화의 『여인천하』(1959)에 잘 묘사되어 있다. 그리고 1967년 박종화의 소설을 토대로 사극 〈여인천하〉(T)가 처음 제작되었고, 비슷한 내용을 다룬 〈교동마님〉(M, 1981)과 〈풍란〉(M, 1985)이 그 뒤를 이었다. 최근 강수연이 정난정의 역할을 맡으며 공전의 인기를 끌었던 2001년의 〈여인천하〉(S)는 아직도 눈에 선하다. 그밖에도 아울러 대학자 서경덕과의 플라토닉한 사랑으로 유명한 기생 황진이의 삶 또한 세 차례(T, 1966~1967; M, 1982~1983; K, 2006)나 드라마로 제작될 정도로 세간의 관심을 받은 주제였다.

이상에서 열거한 사건과 인물들이 조선전기 사극에서 중점적으로 다루는 내용일 것이다. 그렇다면 드라마의 제작자들은 도대체 어떤 의도를 가지고 이런 드라마들을 만들었을까? 의아스럽게도, 사극의 기획자들은 "역사의 뒤안길에 묻혀진 한 인간의 삶을 복원한다"는 그럴듯한 명분을 내비친다. 한 인간으로서 태조와 태종의 내면을 극화했다는 〈용의 눈물〉, 첩의 딸로 태어나 자신의 운명에 맞서 처절하게 살다 간 정난정의 파란만장한 일생을 그렸다는 〈여인천하〉, 기녀라는 계급적 질곡과 여성이라는 성적 차별에 맞서 '진정한 인간의 길'을 추구한 한 여인의 삶을 묘사했다는 〈황진이〉 등등.

사극들은 늘 '역사의 재해석' 혹은 '인물의 재발견' 운운하며 리바이벌되지만, 소재의 선택과 그 아래 깔려 있는 역사에 대한 인식은 대단히 퇴행적이다. 권력을 둘러싼 음모만이 난무하는 전형적인 당파성론의 입장에서 조금도 벗어나지 못할 뿐아니라, 심각한 '몰역사성'이 잠재되어 있다. 사극에 비치는 조선왕조 500년은 늘 정체되어 있다. 인물과 사건의 구체성만 가려진다면, 사극의 시대적 배경이 왕조의 초창기인 15세기 태조대인지 아니면 그로부터 300~400년이 지난 18세기 정조대인지 좀처럼 구분하기 어렵다. 조선시대 궁중의상을 입고 나와 권력을 차지하기 위해 온갖 모략과 술수를 일삼는 모습은 세월의 흐름과 관계없이 늘 마찬가지이다. 거기에서는 조선왕조의 사회변동과 그에 조응하여 변화하는 당대의 문제의식은 잘 드러나지 않는다. 간혹 성우의 나래이션을 통해 선악의 판단이 내려질 뿐, 역사의 변화는 드라마 속에 구조적으로 반영되지 못한다. 그 와중에 역사의 수레바퀴를 조금이라도 전진시키고자 노력했던 당대인들의 시대적 고민은 희화되고 만다. 국왕의 전제적 폐해를 제어하기 위해 조선왕조의 새로운 정치체제를 기획해 낸 정도전은 권력 다툼에 휘말려 비겁한 죽음을 맞은 일개 책사策士로 그려질 뿐이고, 훈구라는 특권집단과 맞섰던 사림의 정치적·사상적 열망 또한 장녹수와 정난정에게 놀아났던 순진한 지식인들의 어설픈 이상에 불과한 꼴이 되고 만다.

왕실의 권력 다툼과 여인들의 술수만 존재할 뿐 아무런 변화 내지 진보의 자취를 찾아볼 수 없는 조선전기의 역사상이 〈여인천하〉류의 사극들을 통해 반복적으로 재생되는 한, 시청자의 머릿속에는 권력을 둘러싼 '만인에 대한 만인의 투쟁'과 정치에 대한 환멸만이 잔상으로 남을 뿐이다.

당파싸움으로 자초한 전란들: 임진왜란과 병자호란

역사학에서 시기구분은 매우 중요한 문제이다. 그런 의미에서 조선전기와 후기를 나누는 통설적 기준으로서 1592~1598년의 임진왜란과 1627·1636년의 정묘·병자호란 이른바 양란兩亂은 커다란 상징성을 지닌 사건이다. 흔히 양란 이후는 당쟁과 사대주의, 그리고 극심한 부패와 가혹한 수탈의 시기로 그려진다. 조선전기 왕실과 일부 지배층에 국한되었던 부정적 역사상은 조선후기에 이르러 전사회적 그리고 국제적인 차원으로 확대되어 묘사된다. 사극 속의 양란은 그러한 사회적 난맥상의 출발점으로서 이미지를 지닌다. 1575년(선조 8) 동인東人과 서인西人이 갈라선 이후 당파 간의 갈등이 왕조의 명운까지 좌우할 만큼 심각한 상황에 이르렀으며, 그 결과 왜란과 호란을 '자초自招'하며 조선후기 사회의 몰락을 가져왔다는 인식이다.

임진왜란이라는 미증유의 전란을 치렀던 선조는 언제나 용렬한 군주로 그려진다. 1972년과 1985~1986년 KBS와 MBC에서 방영된 〈임진왜란〉은 그 내용을 직접 확인할 수 없기에 논외로 하더라도, 최근 〈불멸의 이순신〉(K, 2004~2005)에 보이는 선조의 모습은 한심하기 짝이 없다. 임금이라는 작자가 신하들의 당파싸움을 제어하지 못하

여 전쟁을 자초한 것도 모자라 백성들을 버려두고 의주로 황망히 도망친 뒤 명나라로 망명을 도모하던 모습은 그야말로 압권이다. 게다가 신하인 일개 장수 이순신의 전공조차 시기하며 자신의 왕좌를 보전하기에 급급하였던 못난 임금 선조의 모습을 보고서 시청자들은 그 시대에 어떠한 역사적 의미를 부여할 수 있을까? 전쟁 발발 여부를 놓고서 벌어진 황윤길黃允吉과 김성일金誠一의 당파적 의견 대립, 의주로 파천하는 선조의 뒤에서 궁궐에 불을 지르던 백성들의 모습, 이순신의 승전 소식에도 마냥 기뻐하지 않으며 고뇌에 빠진 선조의 모습 등, 이런 것들이 임진왜란을 주제로 한 사극을 통해 현재에 전해지는 이미지라 할 수 있다.

이순신과 대비되는 선조의 역사상이 21세기 한국 사회에서 어떤 의미를 지니고 있는지에 대하여, 〈불멸의 이순신〉 제작자들은 오늘날 이순신에 대한 그리움이 분열과 혼란을 타개하고 국가 역량을 결집시킬 지도자에 대한 필요성에서 유래하였다고 진단한다. 그리고 21세기 대한민국의 사회적 분열과 외교적 무능을 조선시대의 당파성으로 치환시킨다.[8] 제작자들의 의도가 무엇인지 이해되

8 「〈불멸의 이순신〉 기획의도—21세기에 왜 이순신인가?」, www.kbs.co.kr.

지 않는 바 아니지만, 한 사람의 영웅을 환하게 부각시키기 위해 한 시대의 혼란상을 강조하는 그와 같은 인식 속에서 영웅 이순신은 현실 속에 화려하게 부활할 수 있었던 반면, 그 배경을 이루는 당쟁의 시대 조선왕조는 존재 이유조차도 공감받기 어렵다.

한편 선조의 아들 광해군의 이야기도 사극의 주된 테마 중 하나이다. 예전에는 주로 광해군에게 핍박받았던 인목대비와 영창대군의 비극적 사연이 중심 주제였다. 〈인목대비〉(T, 1974~1975), 〈서궁마마〉(M, 1982), 〈서궁〉(K, 1995) 등이 인목대비의 유폐[廢母]와 영창대군의 죽음[殺弟]을 빚어낸 광해군의 패륜 행위에 주목했다면, 요즘에는 현실론에 입각하여 광해군의 치적과 공로를 보다 적극적으로 평가하려는 시각이 주를 이룬다. 특히 『동의보감』의 저자 허준許浚을 주인공으로 한 〈집념〉(M, 1975~1976), 〈동의보감〉(M, 1991), 〈허준〉(M, 1999~2000) 등을 통해 허준의 후견인이었던 광해군의 캐릭터가 점차 호감형으로 바뀌어 간 듯하다.

광해군에 대한 이러한 인식 변화는 곧 인조 정권이 겪었던 호란에 대한 재평가로 연결된다. 고전소설 박씨전을 각색한 〈별당아씨〉(T, 1976~1977), 효종의 북벌을 주제로 한 〈대명〉(K, 1981) 등 초기 사극들이 주로 외침에 대한 항전이라는 전통적 시각을 강조했다면, 비교적 최근에 방영된 〈회천문〉(M, 1986)이나 〈남한산성〉(M, 1986~1987)에서는 명나라와 청나라 사이에서 중립을 지키려던 광해군의 실리적 외교정책을 비중있게 다루는 한편, 친명정책을 내세우다 호란을 자초한 인조대의 실정을 부각시키고 있다.

얼핏 보기에 광해군에 대한 새로운 평가인 듯 보이는 이러한 관점에도 조선왕조에 대한 부정적 인식이 짙게 드리워져 있다. 사실 패륜적 군주 광해군이 중립외교를 펼친 현명한 군주로 재평가된 것은 일제강점기 때의 일이었다. 한반도의 역사를 만주 역사의 종속변수로 간주하던 이른바 만선사학滿鮮史學의 신봉자들이 만주의 동향에 민감하게 반응했던 긍정적 실례의 하나로서 광해군의 중립외교를 거론하기 시작한 것이 그 시초이다.[9] 그 바탕에는 한반도 역사의 사대적·타율적 성격과 더불어 당파성에 대한 확고한 전제가 깔려 있었다.

필자는 양란이라는 역사적 사건을 보다 큰 시야에서 조망한다면, 지금과 같은 당쟁적 이미지와는 다른 새로운 그림을 그려볼 수 있지 않을까 생각한다. 근래 역사학계의 성과를 살펴보면, 16세기 후반 은銀을 매개로 전세계적

9 한명기, 『광해군』, 역사비평사, 2000, 26~31쪽.

차원에서 작동하던 경제 네트워크 및 세계 경제의 중심지 명나라와 일본 사이에서 중계무역의 이익을 독점하던 조선의 역할이 왜란의 원인으로 지목된 바 있다. 또한 50~60만 명에 달하는 조선인들이 종전 직후 만주로 끌려갔던 사실을 감안할 때, 청나라가 경제적·군사적 토대를 확립하기 위해서는 다수의 포로를 획득할 필요가 절실하였고 그러한 목적을 달성하기 위해서는 조선에 대한 정벌이 불가피하였다는 점 또한 호란의 원인으로 거론된다.

새로운 관점에서 당시를 바라본다면 양란에 대한 새로운 스토리가 구성될 수 있으련만, 그리 되지 못하는 것은 무슨 이유 때문일까? 그것은 아마 우리에게 내면화된 20세기적 역사인식 때문일 것이다. 경제적·사회적 배경은 도외시한 채, 오직 전쟁을 이데올로기적 사건으로 바라보려는 단순한 시각이 그것이다. 아울러 국론통일이 지고지순한 가치로 강조되면서, 정치세력 간의 비판과 견제를 당연시하던 조선왕조의 정치사는 치졸한 밥그릇 싸움으로만 간주될 뿐이었다. 일제강점기 전체주의를 내면화했던 일본 학자들이 조선왕조 정치사를 부정했던 것과 똑같은 방식으로 말이다.

그런 의미에서 최근 인기를 끌었던 〈추노〉(K, 2010)의 역사인식 또한 마찬가지이다. 이른바 "궁중사극" 혹은

"영웅사극"과 구별되는 "길바닥 사극"을 표방하며 조선시대 피지배층의 삶을 이야기하려 했다는 점에서 소재적 참신성을 평가할 여지는 있겠지만, 기존 사극들의 바탕에 깔려 있던 당쟁론적 역사인식은 변함이 없다. 제작자들의 말에 따르면, 〈추노〉의 스토리는 흡사 조선시대 노비의 처지를 방불케 하는 '88만원 세대'나 비정규직 문제 등 현재 한국사회의 계급구조가 안고 있는 문제의식으로부터 출발하였다고 한다. 이러한 점은 17세기 조선 사회를 다룬 〈추노〉가 21세기에 이르러서도 시청자들의 공감대를 얻을 수 있었던 중요한 요인이었고, 이처럼 사극을 통해 현대 사회의 문제를 담아냈다는 점은 분명 높이 평가할 만하다.[10] 그러나 그 근원에 자리잡고 있는 파쟁적 혹은 음모적 정치사 이해는 예전과 다르지 않다.

〈추노〉의 배경을 이룬 양란 직후 조선의 농민과 노비들이 고된 삶을 살았던 사실은 부정할 수 없다. 하지만 그런 현상이 조선에만 있었던 것이 아니었음을 곰곰이 생각할 필요가 있다. 비슷한 시기 일본과 중국 역시 왕조 교체로 인한 극심한 혼란을 겪고 있었음은 주지의 사실이다. 유럽 역시 구교와 신교 사이에 수십년 간 종교전쟁

10 「〈추노〉 기획의도」, www.kbs.co.kr.

이 벌어지고 있었으며, 이단 논쟁과 종교재판 그리고 마녀사냥의 유행은 수많은 일반 백성의 목숨까지 빼앗았다. 당시 전 세계가 전쟁, 폭동, 기근, 전염병으로 열병을 앓던 상황을 고려하면, 조선왕조가 겪었던 비참한 현실이 마치 조선인 고유의 당파성의 소산인 것처럼 묘사하는 것은 문제가 아닐 수 없다.

하지만 〈추노〉에서는 여전히 사회적 모순의 기원을 여전히 조선왕조의 당파싸움에서 찾아보려 한다. 무능한 인조, 아버지 인조에 의해 죽음을 맞은 소현세자와 그의 자식들, 그러한 갈등을 뒤에서 이용하는 음모꾼 좌의정이 스토리 전개에 중요한 역할을 차지하고 있는 〈추노〉의 역사인식은 조선전기 〈여인천하〉류의 드라마와 동일하다. 현실 정치에 대한 환멸과 조선왕조에 대한 심각한 자기비하가 뿌리깊이 자리잡고 있는 것이다.

당쟁의 진흙탕에 묻힌 개화開化의 진주: 조선후기

조선후기의 수많은 인물들 가운데 사극의 주인공으로 가장 각광받은 사람은 누구일까? 아마 장희빈일 것이다. 이러한 사실은 사극에 내재한 당쟁론적 역사인식이 얼마나 심각한지 잘 보여주는 증거이다. 사극 장희빈의 줄거리는 역사에 별다른 흥미가 없는 사람이라도 대략 짐작

할 것이다. 숙종을 둘러싼 인현왕후와 장희빈의 갈등, 그리고 장희빈의 소생 경종과 이복동생 영조의 왕위계승 문제를 놓고서 치열하게 전개되는 당파 간의 갈등은 아래 표에서 볼 수 있듯이 1960년대 이후 지금까지 끊임없이 극화되고 있다. 왕비의 자리에서 쫓겨난 인현왕후, 그리고 세자를 낳았지만 결국 사약을 받게 된 장희빈의 기구하고 비극적인 삶은 조선전기의 왕실 여인들보다 훨씬 더 깊은 흔적을 역사에 드리웠고, 그런 만큼 사극의 주제로서 그 어떤 인물들보다 매력적임은 분명하다. 게다가 요즘에는 숙종의 또 한 명의 부인 숙빈 최씨를 주인공으로 한 〈동이〉(M)가 한창 인기를 끌고 있다. 도대체 숙종과 세 명의 부인들은 왜 그렇게 사극에 자주 등장하는 것일까?

그 이유는 숙종대 당파 간 벌어졌던 싸움들이 구경하기에 가장 흥미진진하기 때문일 것이다. 서인(노론·소론)과 남인 간의 빈번한 세력교체 및 그와 직접적으로 결부된 왕위계승 문제는 조선의 당파성을 집약적으로 드러내주는 장면으로 비쳐진다. 1674년 당파싸움의 전형인 예송禮訟으로 남인이 정권을 잡은 지 불과 6년 만에 경신환

11 김아네스, 「사극 속의 장희빈은 어떻게 진화했는가—악독한 요화에서 당당한 여자로」, 『장희빈, 사극의 배반』, 소나무, 2004, 57쪽.

장희빈(인현왕후)을 소재로 제작된 영화와 드라마[11]

번호	구분	제목	방영시기	감독	극본	출연진(역할)
1	영화	장희빈	1962.9.23	정창화	임희재	김지미(장희빈) 김진규(숙종) 김동원(인현왕후)
2	영화	요화 장희빈	1968.1.27	임권택	장천호	남정임(장희빈) 신성일(숙종) 김민정(인현왕후)
3	MBC TV 일일연속극	장희빈	1971.7.19 ~1972.1.29	유홍렬	이서구	윤여정(장희빈) 박근형(숙종) 이재정(인현왕후)
4	MBC TV 월화드라마	여인열전 제1화 장희빈	1981.10.5 ~1982.4.30	유길촌	임충	이미숙(장희빈) 유인촌(숙종) 이혜숙(인현왕후)
5	MBC TV 수목드라마	조선왕조오백년 제8화 인현왕후	1988.1.13 ~1988.10.13	이병훈	신봉승	전인화(장희빈) 강석우(숙종) 박순애(인현왕후)
6	SBS TV 대하사극	장희빈	1995.2.20 ~1995.9.26	이종수	임충	정선경(장희빈) 임호(숙종) 김원희(인현왕후)
7	KBS 2TV 특별기획 드라마	장희빈	2002.11.6 ~2003.10.23	이영국 한철경	김선영 강태완	김혜수(장희빈) 전광렬(숙종) 박선영(인현왕후)

국庚申換局으로 다시 서인이 등용되고, 당연히 왕비는 서인의 핵심 가문에서 간택되었으니 그가 바로 인현왕후 민씨이다. 그러나 남인의 지원을 받는 장희빈이 숙종의 총애를 받아 왕자를 출산하자 서인들이 세자 책봉에 반대

하고 나섰는데, 이로 인해 다시 남인이 등용되는 기사환국己巳換局이 일어나고 인현왕후는 왕비의 자리에서 쫓겨나 서인庶人이 되었다. 하지만 갑술환국甲戌換局으로 다시 서인들이 정권을 장악하자 인현왕후는 왕비로 복위되고 장희빈은 사약을 받게 되었다.

위에 열거한 바와 같이, 표면에 나타난 숙종대 정치사는 잦은 환국과 그로 인한 살육으로 점철되었다고 말할 수 있다. 환국의 과정에서 장희빈과 같은 왕실 인물들만 죽임을 당했던 것이 아니라 송시열과 윤휴 등 당대를 대표하는 사상가들마저 희생되었고, 인현왕후 폐위에 반대하던 박태보 같은 이들은 숙종의 가혹한 고문을 받고 죽었다. 정권 교체에 따라 반대파에 대한 정치보복이 거듭되었던 사실을 감안하면 사극 〈장희빈〉에 그려진 숙종대 정치사의 모습이 거짓은 아니었다.

그러나 권력의 향배에 따라 생사가 판가름난 것이 조선왕조만의 일이 아니라면, 이 시기 정치사를 보면서 민족적 특징으로서 당파성 운운하는 것은 분명 논리의 비약이다. 게다가 서인과 남인 사이에 벌어진 다툼의 이면에는—현재의 우리가 긍정하던 부정하던 간에—그들 나름대로의 논리성을 갖춘 정치철학이 존재하고 있었다는 사실이 간과되는 점 또한 심각한 문제이다. 국왕과 신하

사이의 권력구조에 대한 고민, 당시 사회를 지탱하던 종법宗法 질서에 대한 고민 등, 우리가 지금 당쟁이라 부르는 사건들의 밑바닥에는 당시 사회 운영에 대한 그들의 현실적 문제의식이 담겨 있었다. 하지만 지금 우리는 그들의 세계관을 이해하지 못한 채 그저 겉으로 드러나는 모습들만 가지고 그들을 파쟁적이라 비웃고 있다. 이는 분명 앞 시대를 살았던 사람들에 대한 심각한 무지이자 근거없는 오만이다.

조선후기 사극에서 장희빈과 더불어 또 하나 빼놓을 수 없는 인물이 영조의 아들 사도세자이다. 임오화변壬午禍變으로 칭해지는 사도세자의 죽음을 주제로 한 사극으로는 〈한중록〉(K, 1972), 〈안국동 아씨〉(M, 1979~1980), 〈하늘아 하늘아〉(K, 1988~1989), 〈한중록〉(M, 1988~1989), 〈대왕의 길〉(M, 1998) 등이 있었는데, 이들 역시 그 이유를 명확히 알 수 없는 사도세자의 죽음을 중심으로 영조대 정치사를 당쟁이라는 관점 아래 단순화시킨다. 혜경궁 홍씨가 남긴 『한중록』의 내용을 살펴보면 사도세자의 죽음이 왜 일찍부터 소설과 드라마의 흥미로운 주제로 원용되었는지 이해할 수 있겠지만, 그것에 가려진 나머지 영조 연간 전개된 역동적 사회변화와 참신한 사상적 분위기는 극중에서 사라지고 오직 조선후기 정치사에 대한 혐오와 비하만이 드러나고 있음은 참으로 안타깝다.

한편 정조와 그의 시대를 다룬 사극들의 경우, 역사에 대한 아무런 희망도 보여줄 수 없었던 이전 시대와 확연히 구분되는 분위기를 담고 있다. 사도세자의 아들로 태어나 당쟁의 와중에 힘겹게 왕위에 올랐지만 꿋꿋하게 개혁을 추진해 나가는 임금으로서 정조의 이미지는 〈왕도〉(K, 1991), 〈파문〉(M, 1989), 〈야망〉(M, 1994), 〈홍국영〉(M, 2001)부터 최근 〈이산〉(M, 2007~2008)에 이르기까지 공통적으로 설정되어 있다. 또한 정조를 보필하였던 이른바 정약용과 같은 '실학자'들의 모습 또한 자주 발견된다. 이같은 특징들이 어떠한 의미를 지니고 있는지는 〈이산〉의 제작의도를 통해 엿볼 수 있다.

드라마 〈이산〉 속의 정조는 "500년 왕조사에서 가장 파란만장하고 가장 굴곡진 인생을 살았던 임금"이자 "가장 열린 생각을 갖고 가장 민주적인 방법으로 모두를 포용했던 현군(賢君)"이다. "뛰어난 통치력과 포용력으로 수백 년 이어온 파당 정치를 해소하고, 실물경제에 대한 해박한 지식으로 18세기 조선 경제의 새로운 패러다임을 이룩한 천재군주"였던 정조의 "드라마틱한 일대기를 그리면서 그의 부국강병책을 뒷받침한 명재상과 실학파 인재들의 나재로운 업적을 담아낸다"는 것이 드라마 〈이산〉의 기획자들이 말하는 제작의도이다.[12] 온화한 성품을 지닌 학자 스타일의 어진 군주 정조가 정약용과 박제가 등 뛰어난 인재들을 거느리고 공평무사하게 그러나 과단성있게 정치의 민주화와 부국강병富國强兵을 이루어 나가는 모습, 이것이 바로 드라마 〈이산〉에 비치는 철인군주 정조의 이미지이다.

필자도 그러한 인식에 어느 정도 동의한다. 하지만 정조가 과연 민주적인 군주였을까? '부국강병'과 '민주'라는 단어가 그리 쉽게 양립할 수 있는지 회의적이다. 사실 정조의 정치는 그다지 민주적이지 못했다. 그는 선비들의 다양한 공론公論의 장인 홍문관弘文館을 없애고, 소수의 측근 신하들을 직접 선발하여 개편한 규장각奎章閣을 기반으로 삼아 강력한 왕권을 행사했다. 정치참여의 규모라는 측면에서 정조대는 이전 시기보다 후퇴한 측면이 있었는데, 그것을 단지 당쟁의 극복 내지 왕권의 강화라고만 평가하는 것은 대단히 단선적인 인식이다. 견제와 균형이 작동되던 기존의 정치체제가 정조대에 이르러 붕괴된 결과, 정조 사후 세도정치라는 파행적 정치행태가 나타나게 되었음은 우연이 아니었다.

12 「〈이산〉 기획의도」, www.imbc.com.

한편 얼마 전 발굴된 『정조어찰첩』은 우리 머릿속에 담겨 있는 정조의 전형적인 이미지와는 또다른 면모를 제시한다. 노론 벽파의 대표자 심환지에게 보낸 비밀 편지들을 통해, 정조는 그 누구보다 주자학적 의리론에 충실한 모습을 보여줄 뿐 아니라 다혈질적이고 조급한 성품을 드러내고 있다. 젊은 학자 김매순을 가리켜 "입에서 젖비린내 나고 미처 사람 꼴을 갖추지 못한 놈"이라 욕하는 한편, 김이영이라는 인물에게는 "경박하고 어지러워 동서도 분간 못하는 놈"이라 막말을 한다. 심지어 "주둥아리를 놀린다"거나 "개돼지만도 못한 물건", "호로자식" 등의 표현을 조정 중신들에게 거침없이 사용하는 정조의 모습은 〈이산〉에서 나타나는 정조의 이미지가 특정한 목적의식 아래 후대에 창조된 것일 수 있음을 말해준다.[13]

그렇다면 〈이산〉과 같은 정조의 이미지가 창조된 배경은 무엇이었을까? 그것은 드라마 속 정조의 측근으로 등장하는 사람들의 면모를 통해 짐작할 수 있다. 이른바 '실학자'라고 칭해지는 사람들이 바로 그들이다. 주자학의 고루함을 묵수하며 당파싸움을 일삼던 조선왕조의 일반적인 신하들과 대비되는 가운데, 정약용과 박제가 등 실

13 안대회, 『정조의 비밀편지—국왕의 고뇌와 통치의 기술』, 문학동네, 2010, 97~107쪽.

학자들은 백성을 사랑하는 사심없는 마음을 가지고 부국강병과 근대화를 추진하는 이상적 지식인의 모습으로 그려진다. 그리고 실학자들의 이같은 이미지는 〈총리대신 김홍집〉(T, 1974~1975), 〈김옥균〉(K, 1970~1971), 〈풍운〉(K, 1982), 〈독립문〉(K, 1984), 〈젊은 그들〉(K, 1985), 〈찬란한 여명〉(K, 1995~1996) 등 19세기 후반을 다룬 드라마 속의 김옥균·이동인 등 개화파의 모습으로 연결된다.

18~19세기 정조를 위시한 소수의 지식인 집단이 대다수 보수파들의 위협 속에서도 부국강병과 근대화를 추진해 갔다는 식의 이야기는 조선왕조의 주류를 이루는 당파적이고 보수적인 집단과 구별되는 새로운 집단, 즉 실학자와 개화파들에게 역사적 정통성을 부여하려는 이데올로기 작업의 소산이다. 그리고 그것은 바로 경제발전과 세계화를 부르짖는 우리의 현실이 그려낸 또 하나의 허구이기도 하다. 그러나 그러한 인식의 이면에는 부국강병의 이데올로기에 직접 봉사하지 못하는 인문학적 고민들이 '당쟁'의 오명 아래 배척의 대상으로 간주되는 현실이 있다는 점 또한 기억해야 할 것이다.

사극과 현실

1920년대 일본인 학자 아사미 린타로淺見倫太郎는 "반도에 있어서 이조 최후의 학자로서 정약용을 지닌 것은 표장表章할 만하다", "이조 말 확실히 한 사람의 정약용을 낸 것은 반도의 행복이었고 왕국의 불행이었다"라고 말했다. 조선후기 실학자 정약용을 진흙 속에 묻힌 진주와 같이 평가했던 아사미 린타로의 주장은 어떻게 받아들여야 할까? 일제강점기 보기 드문 양심적 학자의 탁견이라 보아도 괜찮은 걸까?

아사미의 '흙 속의 진주론'은 진흙 속에 묻힌 한 개의 진주(정약용)에 주목하기보다는, 진주를 품고서도 그 가치를 파묻어버린 진흙탕(조선왕조)의 존재를 강조하는데 그 요점이 있었다.[14] 아무런 이념이나 철학도 없이 그저 밥그릇을 놓고 벌였던 천박한 다툼의 무대로서 조선왕조의 이미지를 전제했던 것이다. 그리고 이 같은 인식은 해방 이후 지금에 이르기까지 TV 사극을 통해 변함없이 재생되고 있다.

당파성론의 문제는 일차적으로 조선왕조 정치사를 폄

14 한영우, 「'실학' 연구의 어제와 오늘」, 『다시, 실학이란 무엇인가』, 푸른역사, 2007, 27~28쪽.

하한다는 점에 있지만, 보다 근원적으로는 그것이 현재 우리의 가치관에 여전한 영향을 미치고 있다는 점 때문이기도 하다. 당파 간의 다툼이 조선왕조 멸망을 가져왔다는 통설 아래, 조선왕조의 문치文治적 전통은 '공리공담空理空談'의 향연으로 이해될 수밖에 없다. 또한 붕당 간의 다양한 의견 개진과 토론 과정은 결국 당파싸움으로 받아들여진다. 그렇다면 21세기의 인문학은, 먹고사는데 직접적인 도움이 안 된다는 점에서, 조선시대의 주자학과 별반 다를 것이 있을까? 인간과 세계에 대한 인문학적 고민은, 우리가 조선후기를 평가하는 방식과 같이, 모두 폐기되어야 하며 그 자리를 회계학과 같은 실용적 학문으로 대체해야 마땅한 것일까?

또한 당파성을 강조하며 그 대안으로서 강력한 왕권 혹은 국론통일의 당위성을 내세우는 지금의 조선시대 인식에는 전체주의적 세계관이 포함되어 있다. 임금에게 늘 "아니되옵니다."를 외치던 사극 속 언관言官들의 모습은 당파성의 전형으로 지목되고, 그러한 언론을 탄압하고 강력한 왕권을 구축했던 영조와 정조의 시대는 조선후기의 르네상스라 칭송되어 왔다. 이 같은 인식은 일제강점기로부터 오늘날에 이르기까지 한국 사회가 경험했던 전체주의의 기억과 무관하지 않을 것이다. 다양성을 당파성으로 간주했던 독재의 추억이 온존하기에, 아직도 우리는 그러한 방식으로 과거를 들여다보는 것이 아닐까? 사극 속 새로운 이미지의 조선왕조는 '부국강병'이라는 표현 아래 숨겨져 있는 전체주의적 이데올로기를 넘어설 수 있을 때에야 비로소 드러날 것이다.

더 읽어볼 책들

- 에릭 홉스봄 외 지음, 박지향·장문석 옮김, 『만들어진 전통』, 휴머니스트, 2004.

우리가 피상적으로 알고 있던 '오랜 전통'의 허상을 여실히 드러내주는 책이다. 저자는 19세기 말에서 20세기 초까지 유럽에서 집중적으로 일어난 '전통의 창조'에 주목하며, 당시에 '발명'된 전통들이 역사적 사실과 동떨어져 있을 뿐 아니라 정치적 의도에 의해 조작되고 통제된 것임을 설명한다. 현재의 필요를 위해 만들어진 과거의 이미지가 어떻게 역사적 사실로 자리 잡게 되는지 보여주는 책이다.

- 김기봉, 『역사들이 속삭인다—팩션 열풍과 스토리텔링의 역사』, 프로네시스, 2009.

팩션 장르의 역사학적 의미에 대하여 설명한 책이다. 저자는 모든 역사가 본질적으로 팩션의 영역에 속하며, 역사를 놓고서 사실인지 허구인지 이분법적으로 따지는 것은 무의미한 일이라 주장한다. 그리고 역사적 진실이란 허구를 배제한 100퍼센트 사실이 아니라 사실이라는 내용이 허구의 그릇에 담겨짐으로써 의미 있게 소통되는 '이야기'라 규정하며, 우리 시대에 사극과 같은 역사 신드롬이 끊이지 않는 현상은 결국 '이야기'에 대한 열망 때문이라 해석한다.

- 공임순, 『식민지의 적자들—조선적인 것과 한국 근대사의 굴절된 이면들』, 푸른역사, 2005.

역사는 기억의 선택과 배제를 둘러싼 투쟁의 장이라는 관점 아래, 역사 소설과 역사 드라마 등이 어떻게 특정 이데올로기를 만들어내고 사람들에게 주입시키는지 분석한 책이다. 황진이, 이순신, 대원군, 명성황후, 김옥균 등의 삶이 역사의 어느 시점에서 누구로부터 불러내어져서 어떤 방식으로 변형되고 새롭게 생산되는지를 다양한 사료를 동원해 보여준다.

- **정두희·김아네스·최선혜·이장우, 『장희빈—사극의 배반』, 소나무, 2004.**

한국사를 전공하는 학자들이 조선왕조 사극의 백미라 할 수 있는 〈장희빈〉을 현재적 관점에서 읽어내는 방법에 대한 고심을 서술한 책이다. 저자들은 사극 속 장희빈의 이미지가 세월에 따라 어떻게 변화해 갔는지, 숙종대의 역사적 상황 속에서 실제 장희빈이라는 인물을 어떻게 이해할 수 있을지, 더 나아가 '사극이 펼치는 역사가 과연 역사인가?'라는 역사학의 본질에 대하여 질문을 던지고 있다.

인문학, 소통과 공생의 지혜

동양고전에서 배우는 공생공락共生共樂의 지혜

김 영

불안의 시대에 인문학은 무엇을 할 수 있는가. 인문학이 인간다운 삶을 위한 교양과 지식을 탐구하는 학문이라면 이런 위기의 시대에 어떤 비전을 보여줄 수 있을까. 이 글은 이러한 물음에 대한 한 한문학도의 소박한 생각을 피력한 것으로, 점차 해체되고 있는 인간 사이의 유대와, 인간과 자연의 조화로운 관계를 회복하기 위해 동양고전에 길을 물어보려는 것이다.

김 영

연세대학교 국문학과를 졸업하고 동 대학원에서 문학박사를 받았다. 자락서당을 마련하여, 훈장으로서 재미있고 자유롭게 고전을 강의하고 있다. 지은 책으로 『조선 후기 한문학의 사회적 의미』, 『한국 한문학의 현재적 의미』, 『인터넷 세대를 위한 한문강의』, 『한국의 우언』, 『김영 교수의 영국 문화기행』 등이 있다. 현재 인하대학교 국어교육과 교수.

인문학, 소통과 공생의 지혜

동양고전에서 배우는 공생공락共生共樂의 지혜

관계의 회복을 위한 성찰

우리는 지금 매우 불안한 시대를 살아가고 있다. 세계경제는 금융위기와 에너지위기, 고용불안 등과 같은 항상적 불안정의 징후를 보여주고 있으며, 이 지구상의 1% 부자가 가장 가난한 사람 57%가 합한 수입의 돈을 버는 동안 18억의 인구는 하루에 1달러도 안 되는 수입에 의존해 연명할 정도로 소득 격차가 엄청나게 벌어지고 있다. 그리고 돈벌이가 되는 일이라면 무슨 일이라도 벌이는 글로벌 자본주의의 탐욕 때문에 지구환경은 여지없이 파괴되고 있는 것이 현실이다.[1]

1 일본 미츠비시UFJ리서치&컨설팅 주식회사 이사장을 지낸 나카타니 이와오는 『자본주의는 왜 무너졌는가』, 기파랑, 2009, 368~369쪽에서 글로벌 자본주의는 세계경제의 불안정화, 소득격차의 확대, 지구환경 파괴를 가져왔음을 지적하였고, 소르본느대학 교수와 유엔식량특별조사관을 역임한 장 지글러는 『탐욕의 시대』, 갈라파고스, 2008, 36쪽에서 제3세계의 122개국에는 전 세계 인구의 85%가 밀집되어 있으나, 이들 나라의 국제무역 거래액은 전체 무역 거래액의

오늘날 전 세계를 휩쓸고 있는 신자유주의 물결은 우리들이 사는 사회를 개인 단위로 세분화하고, 그렇게 흩어진 개인의 자유와 책임을 존중한다는 사상이므로, 안심과 안전, 신뢰와 평등, 연대와 우의라는 공동체적 가치에는 아무런 무게를 두지 않는다. 이익추구를 위해서는 인간 사이의 사회적 유대는 해체되어도 좋으며, 후손을 위해 자연을 지키고 자원을 절약하려는 생각은 부차적인 것으로 간주된다. 신자유주의적 경제성장과 개발은 결국 극소수의 거부super rich와 압도적 다수의 근로빈곤층working poor의 양극화 현상과 자연파괴를 초래하였고, 경영효율과 무한경쟁에서의 생존을 위한다는 명목으로 끝없는 구조조정과 가차 없는 해고를 시행해왔다. 그래서 우리는 불안한 것이다.

이러한 불안의 시대에 인문학은 무엇을 할 수 있는가. 인문학이 인간다운 삶을 위한 교양과 지식을 탐구하는 학문이라면 이런 위기의 시대에 어떤 비전을 보여줄 수 있을까. 이 글은 이러한 물음에 대한 한 한문학도의 소박한 생각을 피력한 것으로, 점차 해체되고 있는 인간 사이의 유대와, 인간과 자연의 조화로운 관계를 회복하기 위

25%에 불과하다고 지적하면서 위와 같은 빈부 격차를 통계로 제시하였다.

해 동양고전에 길을 물어보려는 것이다. 인류가 남겨준 옛 지혜를 충분히 익혀 오늘날의 관점에서 재해석하여 새로운 미래를 개척할 수 있는 전망을 제시하는 것[溫故而知新]이 공자孔子가 말한 지식인[師]의 임무라면, 우리 인문학도에게 맡겨진 이러한 몫은 피할 수 없는 것이 아닌가 한다.

노자老子가 사람은 땅을, 땅은 하늘을, 하늘은 도를 의지하고 본받는다[人法地, 地法天, 天法道]고 하였듯이 천하 만물은 서로 연결되어 있으며 독자적으로 존재하는 것은 없다. 틱낫한 스님은 이렇게 말한다.

> 한 장의 종이는 종이 아닌 요소들로만 이루어져 있다. 마음, 대지, 나무꾼, 구름, 햇살이 그 안에 들어 있다. 만일 그대가 종이 아닌 요소를 그 근원으로 되돌려 버린다면, 종이는 더 이상 존재할 수 없다.
>
> 구름이 없다면 물이 있을 수 없다. 물이 없다면 나무들이 자랄 수 없다. 나무들이 없다면 그대는 종이를 만들 수 없다. 따라서 종이의 존재는 구름의 존재에 달려 있다. 종이와 구름은 매우 가까운 관계이다.[2]

---

2 틱낫한, 류시화 옮김, 『틱낫한의 평화로움』, 열림원, 2002, 94~96쪽.

사실 그렇다. 천하 만물이 서로 의지하고 있으며, 서로 관계를 맺으며 어울려 존재한다. 인간도 마찬가지이다. 인간이 한 인간이 되는 것도 사회화 과정을 통해서이며, 사회적 유대가 해체되면 존재할 수 없는 사회적 존재이다. 곰곰이 생각해 보면, 나라는 존재는 나 이외의 것으로만 구성되어 있다는 것을 확인할 수 있다. 나의 생명은 부모로부터 온 것이고, 나의 지식은 선생님과 책으로부터 배운 것이고, 나의 건강은 농부들이 땀 흘려 경작한 곡식으로부터 온 것이며, 나의 집은 목수가 지어 준 것이고, 나의 직업은 사회가 준 것이기 때문이다. 만약 나에게서 나 이외의 요소를 제거하면 남는 것이 하나도 없을 것이다. 그래서 인도의 평화순례자 사티쉬 쿠마르가 "그대가 있어 내가 있다"라고 말한 것이다. 씨앗은 땅을 섬기고 땅은 씨앗을 섬기며, 나무는 땅에 그 잎을 떨구고, 땅은 나무에 자양분을 주듯이, 우리 인간들도 서로를 섬기고 관계를 맺으며 자기를 실현하는 것인지 모른다.[3]

그런데 이렇게 서로 의지하고 섬기면서 자기를 실현하고 행복감을 느끼는 인간의 유대가 배타적 이익추구와 극단적 상호경쟁 시스템으로 인해 현저히 파괴되어, 자비

---

3 사티쉬 쿠마르, 정도윤 옮김, 『그대가 있어 내가 있다』, 달팽이, 2004, 26쪽.

로운 눈길로 서로를 바라보라[慈眼視衆生]는 부처님의 가르침과는 달리 서로가 서로를 적대시 하는 풍토가 조성되어 가고 있다. 그리고 우리 인간의 삶의 터전인 자연을 공경하고 자연이 준 은혜에 감사하는 마음을 갖기는커녕, 탐욕에 눈이 멀어 마구잡이로 산을 뚫고 강바닥을 파헤치며 자연을 훼손하는 난개발을 일삼아 생태적 위기를 자초하고 있다. 이러한 상황에서 인간이 인간을 어떻게 대해야 하는지, 그리고 인간과 자연의 관계는 어떠해야 하는지에 대한 옛 현인들의 가르침을 음미해 보는 것은 오늘날 우리의 모습을 성찰하는데 일정한 의미가 있지 않을까 한다.

이웃과 더불어 살아가는 법

우리 인간은 어울리며 살아가는 사회적 존재이다. 우리는 집, 학교, 직장 어디에서나 끊임없이 인간관계를 맺으면서 이웃과 더불어 살아가며, 이러한 만남을 통해 삶의 기쁨과 보람을 느낀다. 법정 스님이 말했듯이 모든 만남은 생애의 단 한 번의 인연이고 모든 순간은 생애의 단 한 번의 시간으로 매우 중요하며, 훌륭한 사람과의 만남은 더욱 소중하다고 할 것이다.

> 어진 이를 가까이 하면 뜻이 높아지고, 어리석은 자를 벗하면 재앙이 닥친다. 그것은 마치 종이가 향을 가까이 했기 때문에 향내가 나고, 새끼줄이 생선을 가까이 했기 때문에 비린내가 나는 것과 같다. 어진 사람에게 물드는 것은 향기를 쏘이며 가까이 하는 것과 같이 지혜를 일깨우며 선을 쌓아 자신도 모르게 선한 사람이 된다.[4]

그런 의미에서 좋은 이웃을 만나고 그들과 잘 지내고 원만한 인간관계를 유지하는 것은 인생의 큰 행복이고, 그러한 삶은 성공적 삶이라 할 수 있다.

그런데 이웃 사람들과 잘 지내는 비결은 무엇일까. 선현들은 한결같이 남을 귀하게 여기고 자기를 낮추는 마음을 갖고, 자기에게는 엄격하고 남에게는 관대하게 처신하는 것이라고 말한다. 공자孔子는 일찍이 "자기가 하고 싶지 않은 일을 남에게 시키지 않고[己所不欲, 勿施於人]" 자기를 사랑하듯이 남을 사랑하라고 하였고, 맹자孟子는 정치를 하는 지도자들은 모름지기 민중의 즐거움을 즐거워

4 법정, 『인연이야기』, 문학의 숲, 2009, 113쪽.

하고 민중의 근심을 근심하는 "민중과 더불어 즐거워하기[與民同樂]"를 실천해야 한다고 하였다.

이와 같이 공경하는 마음으로 이웃에게 먼저 관심을 보이고 서로를 배려한다면 그 사회가 얼마나 평화롭고 여유가 있을까. 여기서는 이러한 이웃과 더불어 살아가는 법을 일러주는 동양고전의 한문 명문들을 정선해 살펴본다.

事人如天사인여천. －崔濟愚

사람을 섬기기를 하늘처럼 하라.

待人春風대인춘풍, **持己秋霜**지기추상. －申榮福

남에게는 봄바람처럼, 자기 몸가짐은 서릿발처럼.

博施於民박시어민, **而能濟衆**이능제중. －孔子

백성들에게 널리 사랑을 베풀고, 능히 민중을 어려움에서 구제한다.

樂民之樂者낙민지락자, **民亦樂其樂**민역락기락,

憂民之憂者우민지우자, **民亦憂其憂**민역우기우. －孟子

백성의 즐거움을 즐거워하는 사람은 백성들 또한 그의 즐거

움을 즐거워하고,

백성의 근심을 걱정하는 사람은 백성 또한 그의 근심을 걱정한다.

律己宜帶秋氣율기의대추기, 處世宜帶春氣처세의대춘기. —幽夢影

자기를 다스릴 때는 가을 기운을 띠어야 하고

세상에 처해서는 봄기운을 띠어야 한다.

儉於奉己검어봉기, 豊於待人풍어대인. —資治通鑑

자기를 받드는 데는 검소하고, 남을 대할 때는 넉넉히 해라.

勿以貴己而賤人물이귀기이천인,

勿以自大而蔑小물이자대이멸소. —姜太公

자기가 귀하다고 남을 천시하지 말고

자기가 잘났다고 남을 멸시하지 말라.

君子군자, 以文會友이문회우, 以友輔仁이우보인. —孔子

군자는 글로써 벗을 모으고,

그 벗으로 자기의 부족한 인격을 메운다.

同聲相應동성상응, 同氣相求동기상구. —周易

같은 소리는 서로 울리고
같은 기운은 서로를 구한다.

可與言而不與之言가여언이불여지언, 失人실인.
不可與言而與之言불가여언이여지언, 失言실언. －孔子
더불어 말할 만한데도 더불어 말을 하지 않으면 사람을 잃어 버리고
더불어 말할 만하지 못한데도 더불어 말한다면 말을 잃게 된다.

唯女子與小人유여자여소인, 爲難養也위난양야.
近之則不孫근지즉불손, 遠之則怨원지즉원. －孔子
성숙되지 못한 여자와 이기적인 남자인 소인은 대하기가 어려우니,
가까이 하면 불손하고 멀리하면 원망한다.

益者三友익자삼우, 損者三友손자삼우.
友直우직, 友諒우량, 友多聞우다문, 益矣익의.
友便辟우편벽, 友善柔우선유, 友便佞우편영, 損矣손의. －孔子
유익한 벗이 세 가지가 있고, 손해를 끼치는 벗이 세 가지가 있다.

곧고, 믿음이 있고, 견문이 많은 이를 벗하면 유익하고,

치우치고, 무르기만 하고, 말만 잘하는 이를 벗하면 손해가 된다.

忠告而善道之충고이선도지, 不可則止불가즉지. －孔子

친구가 잘못을 저지르면 진심으로 충고해주되,

듣지 않으면 그만둘 뿐 억지를 부리지는 않는다.

與善人居여선인거, 如入芝蘭之室여입지란지실,

久而不聞其香구이불문기향, 卽與之化矣즉여지화의. －孔子家語

선한 사람과 같이 살면 지초와 난초과 있는 방에 들어가는 것과 같아서,

오래되면 그 향기를 맡지 않아도 저절로 동화된다.

자연과 함께 하는 생태적 삶

인간의 비극은 인간과 자연의 조화로운 관계가 깨진 데서 비롯되었다. 옛날 선현들은 풀 한 포기 나무 한 그루에도 천지의 화평한 기운이 담겨 있다고 믿었고, 인간과 만물이 다 천지의 산물이라고 생각했다. 우리 주위에

는 우리에게 아무런 대가 없이 무진장한 은혜를 베풀어 주는 자연이 존재한다. 법정 스님은 이렇게 법문한다.

> 이 세상은 인간만 모여 사는 곳이 아니라 만물이 더불어 살아가고 있는 장입니다. 수많은 생명체들이 서로 영향을 주고받으며 조화와 균형의 관계를 이루고 있습니다. 식물과 동물이 없다면 인간도 생존할 수 없습니다. 식물과 동물이 곁에 있기 때문에 서로 의지하면서 우주적인 조화를 통해 우리가 살아갈 수 있습니다. 수많은 생명체들이 서로 주고받으면서 어울려 함께 살아갑니다.[5]

그러나 산업화 이래 이러한 만물이 다 하나라는 만물일류萬物一類의 사상은 인간중심의 개발논리와 발전욕망에 의해 뒷전으로 밀려나고, 있는 그대로 궁극적인 존재인 자연은 오직 인간의 이용과 탐욕의 대상으로만 여기게 되었다.

그 결과 우리 인류는 산림자원의 훼손과 사막화 현상, 에너지 고갈과 지구 온난화, 오존층 파괴와 피부암 발생, 남북극 빙하의 해빙과 해수면의 상승, 지하수의 고갈과

---

5 법정, 『일기일회』, 문학의 숲, 2009, 69쪽.

공기의 오염, 만성적 가뭄과 비정상적인 기상현상 등과 같은 생태학적 위기를 맞고 있다. 이제 인류가 과연 미래에도 계속 살아남을 수 있느냐 하는 생존의 문제가 가장 심각한 이슈로 떠오르고 있는 것이다.

벌들은 이 꽃 저 꽃으로 다니면서 꿀을 조금씩 모으면서 꽃을 해치지 않고, 점잖고 자제를 할 줄 아는 데 비해, 우리 인간은 자연이 주는 혜택을 누리면서도 자제할 줄 모르고 지나치게 낭비를 하고 오히려 자연을 파괴하는 잘못을 저지르고 있다. 이러한 상황에서 우리는 인간과 자연이 평화롭게 어울리며 살았던 동양의 지혜를 다시 주목할 필요가 있고, 낭비를 모르고 자급자족하며 순환하는 자연의 섭리를 배울 필요가 있다.

利民澤物이민택물. —朴趾源

민중을 이롭게 하고, 만물을 윤택케 한다.

澤萬民育萬物택만민육만물. —丁若鏞

만민을 윤택하게 하고, 만물을 번육하게 하라.

愛物之道애물지도, **不過各遂其性而已**불과각수기성이이. —金時習

만물을 사랑하는 길은,

각기 그 타고난 본성을 이루어주게 하는 것이다.

以人視物이인시물, 人貴而物賤인귀이물천.

以物視人이물시인, 物貴而人賤물귀이인천.

自天而視之자천이시지, 人與物均也인여물균야. —洪大容

사람의 입장에서 만물을 보면 사람이 귀하고 만물이 천하지만,

만물의 입장에서 사람을 보면 만물이 귀하고 사람이 천할 것이다.

하늘에서 바라보면 사람과 만물이 똑같다.

天地之心천지지심, 孔仁공인,

發生萬物발생만물, 成就萬物성취만물.

非雨露비우로, 不能生物불능생물,

非霜雪비상설, 不能成物불능성물. —李恒老

천지의 마음은 매우 자애로워서

만물을 생기게 하고 성장하게도 한다.

비와 이슬이 아니면 만물이 생육할 수 없고,

서리와 눈이 아니면 만물을 성취시킬 수도 없다.

一草一木일초일목, 皆天地和平之氣개천지화평지기. —程子

풀 한 포기 나무 한 그루도 모두 천지의 화평한 기운이다.

夫天下之物부천하지물, 凡有形者범유형자, 皆有理개유리,
大而山水대이산수, 小而至於拳石寸木소이지어권석촌목,
莫不皆然막불개연. －安軸
무릇 천하의 만물 가운데 형상이 있는 것은 다 이치가 있다.
크게는 산수로부터 작게는 주먹만한 돌멩이나 한 치 크기의 나무에 이르기까지
그렇지 않은 것이 없다.

天行健천행건, 君子以自疆不息군자이자강불식.
地勢坤지세곤, 君子以厚德載物군자이후덕재물. －周易
하늘의 운행이 굳건하니, 군자는 이를 본받아 스스로 힘써 쉬지 않는다.
땅의 성향은 유순 포용하는 것이니, 군자는 이를 본받아 두터운 덕으로 만물을 길러낸다.

不違農時불위농시,
穀不可勝食也곡불가승식야, (…중략…)
斧斤부근, 以時入山林이시입산림,
材木不可勝用也재목불가승용야. －孟子

백성들의 농사철을 놓치지 않게 하면
곡식은 다 먹을 수 없을 정도로 풍부하고, (…중략…)
적절한 때에 맞춰 산림에서 도끼질을 하면
재목은 다 쓸 수 없을 정도가 될 것이다.

我是忘機心아시망기심, 萬物視一類만물시인류. ―李奎報
나는 집착하는 마음을 잊은 사람, 만물을 한 가지로 본다.

民吾同胞민오동포, 物吾與也물오여야. ―張載
모든 인민은 나의 형제요, 만물은 나의 이웃이다.

人與萬物인여만물, 均稟天地之氣균품천지지기. ―金時習
사람과 만물은 다 같이 천지의 기를 타고났다.

鳧脛雖短부경수단, 續之則憂속지즉우,
鶴脛雖長학경수장, 斷之則悲단지즉비. ―莊子
물오리의 정강이가 비록 짧지만 길게 이어주면 괴로워하고
학의 다리가 길다고 해서 짧게 잘라 주면 슬퍼한다.

天地不仁천지불인. ―老子
하늘과 땅은 편애하지 않는다.

日月星辰天之文일월성신천지문,

山川草木地之文산천초목지지문,

詩書禮樂人之文也시서예악인지문야. —鄭道傳

해와 달과 별은 하늘의 무늬이며

산과 냇물 풀과 나무는 땅의 무늬이며

시서예악(詩書禮樂)은 인간의 무늬이다.

順天者存순천자존, 逆天者亡역천자망. —孟子

하늘의 뜻을 따르는 자는 생존하고,

하늘의 뜻을 거스르는 자는 멸망한다.

공생공락의 지혜: 검박儉朴과 겸허謙虛

마하트마 간디의 이상을 구현하고 있는 인도의 영적 지도자 비노바 바베는 지옥과 극락이 어떤 곳인지에 대해서 재미나는 이야기를 한 적이 있다.

지옥과 극락이 어떻게 생겼는지 알고 싶어하는 한 남자가 있었다. 먼저 그 남자는 지옥을 보러 갔다. 그곳은 제법 괜찮아 보였다. 사람들은 각자 자기 숙소에 살았다. 저녁식사를 알리는 종이 울리자 모두 방에서 나왔다. 모두 팔과 다리가 길고 키가 큰 사람이었다. 그들은 긴 테이블의 양쪽에 앉았다. 배가 몹시 고파 보였다. 밥과 빵과 채소가 먹음직스럽게 나왔다. 그들은 음식을 먹으려고 숟가락으로 떠서 입에 넣으려고 했지만 팔이 길어서 먹을 수가 없었다. 음식이 어깨 뒤로 떨어지기도 하고 바닥에 떨어지기도 했다. 테이블 위에 있던 음식은 전부 바닥에 있었다. 지옥에 간 남자는 그 모습을 보고 웃었다.

그 다음에 남자가 극락에 갔다. 그곳은 지옥과 별로 달라 보이지 않았다. 사람들은 뜰로 둘러싸여 있고 길게 방들이 늘어서 있는 곳에 살고 있었다. 남자는 방안에서 들려오는 이야기 소리와 웃음 소리를 들을 수 있었다. 잠시 후 식사종이 울렸다. 긴 팔과 긴 다리에 키가 큰 사람들이 행복한 얼굴로 나와 긴 식탁 양쪽에 앉았다. 음식은 밥과 빵과 채소로 지옥과 똑 같았다. 그러나 그들은 음식을 먹으면서 자기 입에 넣기 보다는 반대편에 있는 사람의 입에 넣어주었다. 서로를 먹여주니까 낭비할 것도 없고, 배가 고플 이유도 없었다. 극락에 간 남자는 매우 놀랐다.[6]

이 이야기는 자기 욕심만을 부리는 곳이 지옥이고 남

6 사티쉬 쿠마르, 앞의 책, 119~120쪽에서 재인용.

을 먼저 배려하는 곳이 극락임을 우의적으로 말해주고 있는데, 자기중심주의는 결국 자기까지 파멸시키는 결과를 가져오며, 남에게 먼저 베푸는 것이 결국 자기에게도 도움이 된다는 공생공락共生共樂의 길을 보여주고 있다.

그런데 이렇게 이웃과 잘 어울리고 자연과 조화를 이루는 공생공락의 삶을 위해서는 어떤 삶의 자세를 가져야 하는가. 선현들은 인간관계를 잘하기 위해서는 겸손하게 자기를 낮추며 먼저 남을 배려하고, 자기의 공을 드러내지 않고 티내지 않는 생활을 할 것을 강조했고, 자연과 조화로운 관계를 위해서는 인간중심주의를 버리고 만물을 같이 바라보는 평등안을 가지고 욕심을 비우고 검소한 삶을 선택할 것을 권면하고 있다.

우리시대의 깨어있는 지성 김종철 선생은 간디가 전하려는 궁극적 메시지는 내가 진실로 자유롭고 행복하기 위해서는 남들의 자유와 행복을 인정해야 하고, 그것은 결국 우리 각자가 소박하고 단순한 삶을 선택하는 길밖에 없다고 하면서, 이것이 바로 어울려 살아가는 공생공락의 지혜라고 말한 바 있다.[7] 여기서는 이런 지혜를 내장하고 있는 노자老子와 장자莊子의 명언을 경청하려 한다.

---

7 김종철, 『땅의 옹호』, 녹색평론사, 2008, 243쪽.

我有三寶아유삼보, 一曰慈일왈자, 二曰儉이왈검,

三曰不敢爲天下先삼왈불감위천하선. —老子

나에게 세 가지 보물이 있다.

첫째는 자애로움이고, 둘째는 검소함이며,

셋째는 감히 다른 사람 앞에 나서지 않는 것이다.

生而不有생이불유,

爲而不恃위이불시,

功成而不居공성이불거. —老子

태어나게 했으면서도 소유하지 않고

일을 하고서 그것을 자랑하지 않으며

공을 세우고 거기 머물지 않는다.

行賢而去自賢之心행현이거자현지심,

安往而不愛哉안왕이불애재. —莊子

현명하게 살면서도 스스로 잘났다는 생각을 버리면

어디 간들 사랑받지 않으리요.

自見者不明자현자불명, 自是者不彰자시자불창,

自伐者不功자벌자불공, 自矜者不長자긍자부장. —老子

스스로 보이려 하는 자는 밝게 드러나지 않고,

스스로 옳다고 하는 자는 빛나지 않고,
스스로 자랑하는 자는 공이 없으며,
스스로 뻐기는 자는 대단한 것이 없다.

功成而不居공성이불거,
愛養萬物而不爲主애양만물이불위주. ―老子
공을 이루고 그곳에 거처하지 않으며,
만물을 사랑하고 양육하면서도 주인 노릇을 하지 않는다.

唯有道者유유도자,
不期於功而功自大불기어공이공자대,
不期於名而名不朽불기어명이명불후. ―憨山禪師
오직 도가 있는 자는
공을 기약하지 않아도 공이 스스로 커지고
이름을 기약하지 않아도 썩지 않는다.

上善若水상선약수.
水善利萬物而不爭수선리만물이부쟁,
處衆人之所惡처중인지소오. ―老子
최고의 선은 물과 같다.
물은 만물을 잘 이롭게 하면서도 다툼이 없고

뭇 사람들이 싫어하는 낮은 곳에 처한다.

上德若谷상덕약곡, 廣德若不足광덕약부족. －老子
숭고한 덕은 낮은 계곡 같고, 넓은 덕은 마치 부족한 것 같다.

凡有下心者범유하심자, 萬福自歸依만복자귀의. －野雲祖師
무릇 마음을 낮추는 사람에게는 만복이 스스로 돌아온다.

大知閑閑대지한한, 小知間間소지간간,
大言淡淡대언담담, 小言詹詹소언섬섬. －莊子
대지(大知)는 너그럽고 소지(小知)는 사소한 것을 따지고,
대언(大言)은 담담하지만 소언(小言)은 수다스럽다.

去小知而大知明거소지이대지명,
去善而自善矣거선이자선의. －莊子
소지를 버려야 대지가 밝게 드러나고
선을 버려야 스스로 선해진다.

君子之交淡若水군자지교담약수,
小人之交甘若醴소인지교감약례. －莊子
군자의 사귐은 물과 같이 담담하고

소인의 사귐은 단술처럼 달콤하다.

天地有大美而不言천지유대미이불언,

四時有明法而不議사시유명법이불의,

萬物有成理而不說만물유성리이불설. 一莊子

하늘과 땅은 큰 아름다움을 지니고 있으면서도 말하지 않고

네 계절은 분명한 법칙을 가지고 있으면서도 의론하지 않으며

만물은 다 이치를 이루면서도 설명하지 않는다.

閑靖少言한정소언,

好讀書不求甚解호독서불구심해. 一陶淵明

한가하고 편안한 마음으로 생활하며,

책읽기를 좋아하되 깊이 따지지 않는다.

더 읽어볼 책들

- **장 지글러, 양영란 옮김, 『탐욕의 시대』, 갈라파고스,** 2008.

이 책의 저자 장 지글러는 스위스 제네바대학과 프랑스 소르본느대학의 사회학 교수로 재직하다가 2000년부터 유엔인권위원회 식량특별조사관으로 활동하였다. 그는 유엔 기구에서 식량문제를 다루며 겪은 생생한 체험을 바탕으로, 지구촌의 한 편에서 탐욕스런 생활을 하는 동안 다른 한 편에서는 굶어죽는 일이 벌어지고 있음을 고발한다. 그 해결책으로 인류애에 기초한 연대만이 희망임을 역설하고 있다.

- **나카타니 이와오, 이남규 옮김, 『자본주의는 왜 무너졌는가』, 기파랑,** 2009.

한때 일본의 잘 나가는 미쓰비시 리서치&컨설팅 이사장이기도 했던 저자 나카타니 이와오는 자본의 증식을 목적으로 한없는 이익을 추구하는 자본주의가 점차 인류를 멸망의 길로 내몰아가는 글로벌 자본주의로 변해 가는 모습을 목도하면서, 사상의 전향을 감행해 자본주의라는 괴물에 굴레를 씌울 수 있는 지혜를 찾을 것을 제언한다. 그래서 남을 위한 배려를 강조하는 일본의 전통문화와 국민총행복을 추구하는 부탄을 다시 보고, 욕망의 억제를 강조한다.

- **김종철, 『땅의 옹호』, 녹색평론사,** 2008.

『녹색평론』이란 생태 격월간지를 발행하는 김종철 선생의 글들을 모은 것이다. 생태근본주의라는 입장에 굳게 서서 개발과 발전의 문제점을 준열하게 비판하고, 풀뿌리 민주주의와 민생 그리고 농업의 순환성과 공생공락의 지혜, 자발적 가난을 적극 옹호하고 있다.

• 최성각, 『달려라 냇물아』, 녹색평론사, 2007.

강원도 동강의 비오리와 보길도의 갯돌에게 풀꽃상을 주는 '풀꽃세상을위한모임'을 만든 최성각 소설가의 생태관련 글들을 모은 책이다. 제목 그대로 냇물이 푸른 들판을 시원스레 달릴 수 있도록 우리가 노력해야 된다는 의지가 잘 담겨져 있는 생태사상 문집이다.

• 김영, 『인터넷 세대를 위한 한문강의』, 한울, 2005.

한국과 중국의 한문고전 가운데 선비사상, 인간관계, 배움, 가르침, 독서, 성찰, 예의, 문화, 생태, 정치, 청빈, 자유 등과 관련된 명문을 뽑아 그것을 현재의 입장에서 재해석한 책이다. 고전과 현대의 대화를 시도하였다.

• 사티쉬 쿠마르, 정도윤 옮김, 『그대가 있어 내가 있다』, 달팽이, 2004.

무일푼으로 인도를 출발해 사막과 험한 산을 뚫고 유럽과 미국까지 '평화의 차'를 전달하려한 인도의 평화순례자인 사티쉬 쿠마르의 저서로, 인간의 영혼은 서로 섬기면서 자라며 만물은 서로 의존하고 있음을 구체적 체험을 통해 일러주는 책이다.

• 틱낫한, 류시화 옮김, 『틱낫한의 평화로움』, 열림원, 2002.

삶은 고통으로 가득차 있지만 또한 푸른 하늘, 햇빛, 아이의 눈과 같은 경이로움도 있음을 일깨우면서 우리에게 생명을 바라보는 아름다운 눈을 가지고 숨을 크게 들이쉬면서 평화를 느끼라고 권면하는 베트남의 선승 틱낫한의 잠언서이다.

● **장일순, 『나락 한알 속의 우주』, 녹색평론사, 1997.**

1970년대 원주에서 지학순 주교와 민주화운동을 하고 우리나라의 한살림 생협운동을 처음 시작한 우리 시대의 사상가 무위당 장일순 선생의 말씀을 모은 책이다. 우리는 이 책을 통해 겸허하고 온유하고 부드러우면서도 견결했던 그의 인품을 느낄 수 있고, 그의 생명평화사상도 배울 수 있다.

● **법정, 『인연이야기』, 문학의 숲, 2009.**

올 3월 입적한 우리 시대의 대표적 선승인 법정 스님의 인연에 관한 이야기들을 모아놓은 책이다. 인연을 맺는 것도 소중하지만, 내 마음을 알고 다른 이의 마음과 사정을 헤아릴 줄도 알아야 하며, 우리의 궁극적 관심은 세상과 이웃에 있어야 함을 깨우치고 있다.

인 문 학, 소 통 과 공 생 의 지 혜

동아시아 고전과 21세기

:『노자』와 『논어』의 덕(德) 개념

이봉규

『노자』와 『논어』 두 문헌은 전통시대 동아시아인들이 자신의 삶을 기획하기 위하여 즐겨 경작하였던 전답이다. 정치원리에서 생활양식에 이르기까지, 또는 사회를 구성하는 원리에서부터 개인의 심미적 의식에 이르기까지 동아시아인들은 이 두 전답을 통해 동아시아적 풍미와 빛깔을 담은 다양한 개성을 창출하였다.

이봉규

서울대학교에서 「송시열의 성리학설 연구」로 철학 박사학위를 받았다. 한국 유가철학을 전공하고 있다. 지은 책으로 『조선시대 충청지역의 예학과 교육』(공저), 『철학연구 50년』(공저), 『한국실학사상연구』 1(공저) 등이 있다. 현재 인하대학교 인문대학 철학 전공 교수.

인문학, 소통과 공생의 지혜

동아시아 고전과 21세기
:『노자』와 『논어』의 덕(德) 개념

미래의 양식: 덕

수년 전 프랑스의 한 중국학자와 동서양의 가치 관념의 차이를 두고 논의한 적이 있었는데, 그는 프랑스 사회가 더 나은 사회로 가기 위해서는 자유와 자율의 가치와 더불어 자발적 연대의 원천이 되는 유교의 인仁의 가치도 교육에 도입해야 할 때라고 말하였다. 나는 다소 의아스럽게 생각하였는데, 그의 견해는 2003년 프랑스에서 예상치 못한 폭염으로 만 명 이상의 사망자가 발생한 사태를 겪고 숙고한 결과였다. 그 폭염의 희생자 대부분은 독거노인들이었다. 당시 프랑스 정부에서는 의료체계에 허점이 있었음을 인정하고 국민들에게 사과하면서 '노인들이 혼자서 죽어가고 있으며 지금은 연대하여 행동할 때'라고 호소하였다고 한다. 그러나 그런 연대의 덕이 개인의 심성 속에 함양되지 않은 상황에서 시민들이 자발적으로 힘써 행하기를 기대하는 것은 어려운 일이었음을 이 중국학자는 뒤늦게 성찰하였던 것이다.

근대문명의 성취를 통해 인류는 개인의 자유와 자율이 우선적으로 존중되는 사회를 가꾸어왔다. 그러나 자신의 삶을 기획하여 수행할 수 있는 여건과 능력이 있는 이들에게는 자유와 자율이 창의적인 삶의 원천이 되지만, 그런 여건이나 능력이 주어지지 못한 이들에게는 필요한 보살핌으로부터 버려지는 소외의 원천이 된다. 근대문명은 그러한 소외를 약자에 대한 사회보장제도로 보완해왔다. 이를테면 국가는 독거노인들에게 사회복지사를 배당하여 일정부분 사회적 배려를 수행한다. 또한 여러 자선단체들 역시 국가의 배려로부터 사각지대에 놓여 있는 이들을 찾아 자발적으로 국가를 대신해서 보살펴주는 활동을 펼친다. 그러나 그런 국가와 자선단체의 활동은 정기적이기는 해도 단편적이다. 또한 잠시 따뜻한 인정으로 굳은 팔과 다리를 녹여주기는 하지만, 봉사자들이나 복지사들이 돌아가고 나면 독거노인의 심장은 다시 차가워진다. 여행을 떠날 때는 여럿이다가도 돌아올 때는 언제나 혼자라는 시인의 말처럼, 그 혼자 남아 목숨을 연명해야 하는 삶이 겪는 외로움은 근본적인 것이다. 따라서 시골의 교회나 경로당에서 혼자 남은 노인들이 함께 기거하며 살아가는 것은 자유로 인해 소외된 이들이 현재 한국 사회에서 스스로 찾아낸 새로운 해법인지도 모른다.

좀 더 자세히 들여다보면, 사회복지사나 자선단체의 회원이 소외된 이에 대하여 직업이 또는 단체 규약이 요구하는 의무를 수행하는 차원에서 찾아가 돌보는 것과, 자발적인 연대의식을 가지고 돌보는 것 사이에는 보살피는 사람과 보살핌을 받은 사람 양쪽 모두에게 큰 차이가 있다. 전자의 경우 보살핌을 주고받는 행위 자체는 돈을 벌고 또는 생명을 연장하는 등 다른 무엇을 성취하기 위한 수단에 불과하게 되어 사무적인 과정으로 진행되게 된다. 반면 후자의 경우, 그 행위 자체가 양쪽 모두에게 기쁨을 유발시키고 인격을 성숙시켜주는 과정이 된다.

자유와 자율 자체가, 또는 그에 근거한 합리적 판단과 결행이 곧바로 인간에게 기쁨을 가져다주고 인격을 성숙시키는 것이 되지 않는다는 점에 대하여 현대 학계는 새롭게 각성하고 있다. 그리고 이러한 각성은 고대인의 삶의 방식에 대하여 발견적으로 되돌아보게 하는 계기가 되고 있다. 그 중 하나가 덕德의 개념이다. 고대인들이 생활 속에서 추구하였던 좋은 삶의 내용을 이 개념이 담고 있기 때문이다. 특히 동아시아 전통에는 유덕한 삶을 실현하는 것과 관련한 사회적 경험과 성찰이 풍부한 유산으로 남아 있다. 이들 유산이 현대에 다시 효험 있는 치료법으로 이용될 수 있는지 또는 개발이 가능한지 탐구하는 일은 이제 새로운 과제가 되고 있다.

이 글에서 유덕한 삶과 관련해 살펴보려는 『노자老子』와 『논어論語』 두 문헌은 전통시대 동아시아인들이 자신의 삶을 기획하기 위하여 즐겨 경작하였던 전답이다. 정치원리에서 생활양식에 이르기까지, 또는 사회를 구성하는 원리에서부터 개인의 심미적 의식에 이르기까지 동아시아인들은 이 두 전답을 통해 동아시아적 풍미와 빛깔을 담은 다양한 개성을 창출하였다. 달리 말하면 두 문헌은 인간의 문화에 동아시아적 빛깔을 입히는 천연 염료이자, 동아시아적 풍미를 우려내는 누룩의 역할을 하였다고 해도 과언이 아니다.

그러면 근대적 교육방식으로 전환된 이후, 오늘날에도 두 문헌은 문화 생산에 어떤 실질적 토양의 역할을 하고 있을까? 아니, 할 수 있을까? 어쩌면 도시로 이주한 뒤로 농사짓는 법을 잊어버리듯이, 현대인은 환경적으로 두 문헌을 외면하는 것에 익숙해지는 상황으로 점점 빠져들고 있다. 오늘날 현대인에게 『노자』와 『논어』는 교육과정에서 필수적으로 접해야 하는 중심 문헌이 아니다. 그것은 어디까지나 교양의 확충을 위해, 전통사상과 문화에 대하여 안목을 넓히기 위해 주어지는 여러 독서 대상들에 속할 뿐이다. 더구나 두 문헌에 사용된 고전한문은 오늘날 사어死語가 되었다. 물론 숱한 번역본이 있다. 그러나 번역본은 새로운 해석의 산실로서 의미를 지닐 수 있지만, 원래의 풍미가 지니는 다양한 가능성과 상상력을 새로운 해석으로 제한한다는 점에서 변형된 맛으로 길들여지는 것에서 자유롭기가 힘들다. 원문의 맥락과 정확히 상응하기 어려운 번역문을 통해 접하면서, 과거 두 문헌이 지녔던 토양으로서의 실질적 영향력은 현저히 감소되었다고 할 수 있다.

좀 더 본질적인 문제도 있다. 그것은 두 문헌을 통해 경작해왔던 작물들이 과연 현대인에게도 여전히 필요하거나 또는 입맛을 당기게 하는가 하는 점이다. 이를테면 기장은 고대에 선조에게 바치는 고귀한 작물이었지만, 쌀이 주식이 된 이후로 그 실제적 가치가 작아졌다. 두 문헌을 통해 재배해온 주된 작물들이 결국 대부분 훨씬 더 품질이 좋은 작물들로 대체되었다면 또는 대체될 수밖에 없는 것이라면 오늘날 그 가치는 낮아질 수밖에 없을 것이다.

오늘날 전통시대로 지적 환경을 바꾸는 것은 불가능하다. 대신 두 문헌을 통해서 재배하고 수확하여 삶을 양육하였던 작물이 무엇이며, 그 작물의 특성 곧 영양분과 독성이 무엇인지 발견적으로 살펴보는 일은 현대에 우리가 빚어내는 요리법을 풍부하게 만드는 자산이 될 수 있으며, 또한 우리가 현재 쓰고 있는 요리법들이 어떤 맥락 속에 있는지 반성적으로 성찰할 수 있게 해주는 통로가 될 수 있다. 그리고 그러한 작업을 수행하는 데에는 전통시대 사람들보다 이미 새로운 요리법에 젖어 사는 현대인이 더 유리할 수 있다.

이제 사어死語로 된 문화를 되살리기는 불가능해 보이는 시점에서, 동아시아 역사에 있어 두 문헌을 토양으로 삼아 경작해왔던 하나의 주요한 작물에 대하여 그 성격을 살펴보려고 한다. 그것은 곧 덕德이라고 불리는 작물이다. 근대 이후 'virtue'라는 대체 작물의 번역어로서 사용되는 덕이 아니라, 『노자』를 도덕경道德經이라고 부를 때 『노자』라는 전지田地에서 생산되었던, 그리고 덕치德治라는 정치의 한 품종을 논할 때 『논어』라는 전원田園에서 생산되었던 작물로서 덕이다. 이들 두 문헌에서 생산되었던 덕의 성격을 그 독성과 약성을 살펴보면서, 두 문헌이 21세기 우리의 삶에 어떤 유의미성을 가질지 생각해 보고자 한다.

『노자』의 덕: 전생全生

『논어』에 비하여 『노자』는 문헌으로 성립된 시기가 훨씬 빠르다. 순자荀子의 제자로 알려진 한비韓非가 지었다는 『한비자韓非子』 속에는 「해노解老」와 「유노喩老」의 두 편이 있다. 이들 편은 『노자』에 대한 해석을 담고 있기 때문에 제목이 그렇게 붙여진 것이다. 그러나 『한비자』에는 문헌으로서 『논어』에 대한 언급은 보이지 않는다. 1993년 전국戰國시대 초기에 만들어진 무덤이 옛 초楚나라 지역에서 발굴되어 여러 부장품들이 발견되었는데, 그 출토물 속에는 매우 불완전한 형태이지만, 세 종류의 『노자』가 들어 있었다. 세상에서는 이 『노자』 텍스트를 '죽간본竹簡本 노자'라고 부른다. 그러나 역시 이 무덤에서 『논어』는 출토되지 않았다.

흥미로운 점은 『노자』라는 문헌이 하나가 아니라 여러 가지라는 점이다. 내용이 대체로 동일하지만 판본에 따라 글자들이 수정되고 편차가 다른 것이 발견된다. 그 중에서도 가장 충격을 주었던 출토 판본은 1973년 장사長沙에서 한대漢代 귀족 무덤을 발굴하다가 발견된 비단 두루마리로 된 두 종류의 『노자』이다. 그 중 한 본은 서한 이전의 시기로 추정되는 것이었다. 그런데 이들 판본 모두 오늘날 우리가 보고 있는 『노자』와 편차의 순서가 근본적으로 달라서 연구자들에게 『노자』의 원래 모습과 중심 주제에 대한 새로운 인식을 가지게 하였다. 오늘날 연구자들은 이 출토본을 '백서본帛書本 노자'라고 부른다.

현재 우리가 즐겨 보는 『노자』는 위진魏晉시대 왕필王弼(226~249)에 의해 정해진 편제인데, 1~37장까지를 상경, 38~81장까지를 하경 두 묶음으로 나누고 이 두 묶음을 합하여 도덕경이라는 명칭으로 불렀다. 그 이유는 상경의 첫머리가 도道라는 단어로 시작되고, 하경의 첫머리가 덕이라는 단어로 시작되기 때문이었다. 그러나 백서본 『노자』는 하경이 앞쪽에 있고 상경이 뒤쪽에 배치되어 있다. 곧 '덕도경'의 형태로 되어 있는 것이다. 만일 맨 앞장이 어떤 중심적 의미를 보여주는 것이라고 가정하게 되면, 『노자』에서 한대 또는 그 이전에는 덕이 도보다 우선하는 의미를 나타내는 것이었을 수도 있는 셈이다. 백서본 『노자』의 첫 두 구절은 이렇다.

> 높은 수준의 덕은 덕스럽지 않다. 그러므로 덕이 있다. 낮은 수준의 덕은 덕을 잃지 않는다. 그러므로 덕이 없다.[1]

---

1 왕필본 『노자』 38장: 上德不德, 是以有德. 下德不失德, 是以無德.

여기서 "덕스럽지 않다"는 말은 덕이 있어 보이지 않는다는 말로 곧 자신이 덕이 있음을 드러내지 않는다는 뜻을 담고 있다. 반면, "덕을 잃지 않는다"는 말은 덕이 있음을 드러내 보이려 애쓴다는 뜻을 담고 있다. 곧 높은 수준의 덕은 자신에게 덕이 있지만 덕이 있다는 것을 전혀 내색하지 않는 것이고, 낮은 수준의 덕은 자신에게 실제로 그런 덕이 있지 않더라도 있는 것처럼 보이기 위해 애쓴다는 뜻이다. 이것은 우리가 일상생활에서 흔히 경험하는 것이다. 속이 찬 사람은 자신을 내세우기 위해 애쓰지 않지만, 속이 빈 사람은 마치 속에 실한 무엇이 있는 것처럼 보이려고 애쓰는 모습을 자주 보기 때문이다.

그런데 여기서 말하는 덕은 그 함축하는 의미가 무엇일까? 『한비자』 「해노」에는 이 구절에 대한 당시의 해석을 이렇게 제시하고 있다.

'높은 수준의 덕은 덕스럽지 않다'는 말은 그 신(神)이 밖으로 새지 않음을 뜻한다. 신(神)이 밖으로 새지 않으면 몸이 온전하게 된다. 몸이 온전한 것을 덕(德)이라고 한다. 덕(德)은 몸을 얻는 것이다. 무릇 덕은 작위(作爲)를 하지 않는 곳에 모여들고, 욕심을 내지 않음으로써 이루어지고, 생각을 내지 않는 데서 편안해지고, 사용하지 않음으로써 튼튼해진다. 작위를

> 하고 욕심을 내면 덕은 머무르지 않는다. 덕이 머무르지 않으면 몸은 온전하지 못하다.[2]

'신神'은 정신精神, 귀신鬼神 등에 쓰이는 말이다. 동사적 의미로는, 무엇인가 활동하고 있지만, 눈으로 보거나 귀로 들을 수 없으며, 고정되어 있지 않아, 예측하지 못한다는 뜻을 나타낸다. 신묘神妙하다는 말이 바로 그런 의미이다. 신은 곧 몸의 그런 활동의 정수精髓인데 그것이 밖으로 새나가지 않도록 하는 것이 높은 수준의 덕이 지니는 특징이다. 그리고 그렇게 하면 몸이 온전해지는데 그것이 바로 덕이라고 『한비자』에서는 말한다.

『노자』가 『한비자』 속에서 해석되던 당시는 전국시대라는 말이 의미하는 것처럼 세력의 통합과 확장을 위해 전쟁이 빈번한 시기였다. 그러한 와중에 또한 여러 사상들이 탄생하고 경쟁하던 시기였다. 흔히 제자백가諸子百家의 시대라고 한다. 그 사상들 가운데 한 중심을 이루는 것은 바로 전생全生, 자신의 생명을 온전하게 지키며 살아가는 것이다.

2 『한비자』「해노」: 上德不德, 言其神不淫於外也. 神不淫於外, 則身全. 身全之謂德. 德者, 得身也. 凡德者以無為集, 以無欲成, 以不思安, 以不用固. 為之欲之, 則德無舍. 德無舍, 則不全.

『손자병법』은 첫 장에 “전쟁戰爭은 상대를 속이는 것이다”라고 하면서 ‘묘산廟算’, 곧 무력을 동원하지 않고도 이기는 것을 최상으로 여긴다. 곧 상대를 함정에 빠뜨려 내 병력의 소모를 최소화하면서 상대를 제압하는 것에 전쟁의 목표가 있음을 말하고 있다. 이러한 전쟁의 관념은 동아시아인의 의식 세계에 다양한 반향을 일으켰던 것으로 보인다. 전생의 관념은 바로 그 한 예이다.

전생의 덕은 개인의 측면에서 보면 함정이 많은 세계에서 자신의 생명을 지키기 위한 방법이다. 『장자莊子』에는 재능 있고 쓸모 있는 것이 도리어 생명을 지키는 데 장애가 되는 아이러니의 에피소드가 반복해서 나온다. 따라서 자신의 재능을 감추고 드러내지 않는 것, 또는 재능이 없는 것처럼 보이는 것은 전생을 위한 좋은 전략이 된다. 『한비자』의 인용문에서 작위作爲를 하지 않고, 욕심을 내지 않고, 꾀를 내지 않는 것은 바로 자신의 실체를 드러내지 않는 방법이고, 그것이 곧 신이 새나가지 않게 하는 방법이다. 덕은 그처럼 자신을 드러내지 않음을 잘하여 몸을 또는 생명을 온전하게 유지하는 것이 된다.

한편 개인의 차원을 넘어 정치의 차원에서 전생의 덕은 집권자가 자신의 권력을 효과적으로 보전하고, 상대를 효과적으로 제어하는 방법으로 활용된다. 『한비자』는 법

령을 명확히 하여 국가 구성원이 모두 국가에 대한 자신의 역할과 임무를 명확히 알게 하는 것이 중요하다고 여긴다. 그러기 위해서는 법法적 규정이 명확해야 하고 또 그 규정에 따라 백성이 자신의 역할을 제대로 수행하는지 결과를 명확히 따지는 체제가 필요하다고 여겼다. 그러나 『노자』는 그러한 규정이 명료할수록 구성원들은 점점 더 욕심을 부리게 된다고 여긴다. 따라서 큰 나라를 다스리는 데에는 작은 생선을 굽듯이[3] 제제와 간섭을 줄이는 것이 필요하다고 생각한다. 그리고 다스리는 덕에 대하여 다음과 같이 말한다.

> 그러므로 이렇게 말한다. 옛날에 도(道)를 잘 행하는 자는 그 도를 가지고 백성을 밝게 만드는 것이 아니라 어리석게 만든다. 백성을 다스리기 어려운 것은 백성들이 지혜가 많기 때문이다. 그러므로 지혜를 가지고 나라를 다스리면 나라를 해치는 것이 되고, 지혜를 내세우지 않는 것으로 나라를 다스리면 나라의 복(福)이 된다. 항상 이 두 가지를 아는 것이 또한 나라를 다스리는 법도가 된다. 항상 법도를 알고 있는 것 이것을 현덕(玄德)이라고 한다. 현덕은 깊고 원대하여 일반 사물들의 방식

3 왕필본 『노자』 60장: 治大國, 若烹小鮮.

과 반대로 하지만 그런 뒤에 크게 순응하는 지평에 이른다.[4]

『한비자』나 『노자』에서 '지혜'는 곧 자신의 이익을 추구하는 능력에 중점이 두어진다. '백성들이 지혜가 많다'는 것은 곧 백성이 국가의 이익보다 자신의 이익을 우선시함으로써 국가의 강제와 의무를 회피하거나 도외시하는 지혜가 많다는 뜻이 된다. 『한비자』에서는 법 규정을 명확히 하고 엄정하게 집행하는 방법으로 백성의 지혜에 대처하지만, 『노자』에서는 그와 같은 방식이 백성들에게 더 많은 지혜, 곧 국가로부터 벗어나는 더 많은 방법을 추구하게 만들 뿐이라고 생각한다. 그보다는 백성이 지혜를 가지고 국가에 대하여 저항하거나 이탈하려는 노력을 하지 않도록 그 원초적 소지를 없애는 것이 훨씬 효과적이라고 생각한다. 따라서 백성들에게 지혜를 내세우는 정책을 취하지 않는 것, 또는 집권자 자신이 어떤 정책을 사용하고 있는지 백성들이 알아채지 못하게 하거나 관심을 갖지 않게 하는 것, 그러면서도 백성들이 저항을 느끼지 않고 국가에 순응하도록 하는 것이 효과적 방법이라

4 왕필본 『노자』 65장: 古之善爲道者, 非以明民, 將以愚之. 民之難治, 以其智多. 故以智治國, 國之賊. 不以智治國, 國之福. 知此兩者亦稽式, 常知稽式, 是謂玄德. 玄德深矣遠矣, 與物反矣, 然後乃至大順.

고 여기며, 그것을 현덕玄德이라는 말로 표현한다.

'현玄'은 물이 깊어서 속이 보이지 않을 때의 색깔로서 검은 빛이요, 특정한 형태로 가공하기 이전의 원래 상태로서 질박함을 뜻한다. 그것이 덕을 수식하는 말로 사용되면 상대가 파악할 수 없도록 특정한 입장을 보이지 않는, 달리 말하면 신이 새나가지 않는 덕의 모습이 된다. 정치에서 현이라는 질박함을 추구하는 것은 곧 백성들에게 저항을 유발시키지 않으려는 의도를 담고 있다. 하여 백성이 아무런 저항을 느끼지 않고 국가에 순응하는 곧 '자신도 모르게 그렇게 되는 상태[自然]'를 정치의 이상적 상태로 추구하게 된다.

그러나 집권자 자신이 질박함을 추구하는 것에는 또 다른 측면에서는 그 질박함을 수단으로 백성들에게서 지혜에 대한 추구의식 자체를 감퇴시키는 보다 적극적인 측면이 있다. 위 인용문의 '장차 백성들을 어리석게 만드는' 정책, 곧 우민화 정책이다. 『노자』에는 그것이 '작은 나라 적은 백성[小國寡民]'으로 표현된다. 역사적으로 이 슬로건에 대하여 문명을 통해 이욕의 추구를 비판하고 원시의 소박한 상태로 되돌아가려는 의지라고 해석하는 입장이 있다. 그러나 정치의 측면에서 보면 그것은 곧 우민화의 적극적인 방식을 담고 있기도 하다. 그 이상적 상태의 백성은 『노자』에서 "자신이 먹는 음식을 달게 여겨 만족하고, 자신이 입는 옷을 아름답게 여겨 만족하고, 자신이 살고 있는 집을 편안히 여겨 만족하고, 자신이 속한 지역의 풍속을 즐겁게 여겨 만족하면서, 서로 바라볼 수 있는 가까운 이웃나라와도 늙어 죽도록 왕래하지 않는"[5] 생활을 하는 것으로 그려진다. 이는 개인적으로 보면, 자신에게 주어진 삶에 만족하는 무욕無欲의 질박함이지만, 국가의 측면에서 보면 국가에 대하여 아무런 저항의식을 지니지 않고 순응하는 수동적 삶이다. 그렇게 되면 백성은 국가의 정책에 대하여 아무 것도 알지 못한 채 아무런 비판 없이 주어진 환경에 만족하고 사는 오직 집권자의 의지대로 움직이는 생산수단에 불과하게 될 수 있다.

이상 『노자』에서 나타나는 덕의 개념은 개인의 차원에서는 자신의 생명을 지키기 위해, 국가의 차원에서는 분쟁과 혼란의 원천적 소지를 야기하지 않기 위한 효과적인 방법을 추구하는 과정에서 그 의미가 탄생되고 있다. 전쟁이 많은 시대에 개인들은 자신의 재능이 오히려 생명을 해치는 역설적 상황에 직면하고, 그런 역설적 피해로부터 벗어나기 위해 자신의 재능을 감추면서 상황에

5 왕필본 『노자』 80장: 甘其食, 美其服, 安其居, 樂其俗. 隣國相望, 鷄犬之聲相聞, 民至老死不相往來.

대처하는 능력을 중시하게 된다. 탁월한 능력과 공로를 통해 신분을 향상할 수 있는 길이 열려 있는 사회적 환경에서 높은 신분으로 상승하기 위해 맹렬히 자신의 재능을 갈고 닦는 당시의 많은 사람들 가운데 결국 성공하는 것은 극소수인 그리고 그것도 잠시뿐인, 불안한 현실에서 마지막까지 자신의 생명을 보전하거나 또는 자신이 승자로서 살아남기 위한 전략으로서, 겉으로는 능력을 보이지 않으면서 내적으로는 늘 상황에 대처하는 주밀함을 갖추는 것으로서 『노자』의 덕이 성립한다.

국가의 차원에서 또는 정치의 차원에서 보면, 빈번해지는 전쟁에 백성들을 동원하지 않으면 안 되는 상황에서 집권자는 백성들이 생산자이자 전사로서 국가의 요구에 적극적으로 부응하기를 희망한다. 또한 사직의 보전을 위해 집권자는 백성이 힘든 노동과 고된 군사훈련 속에서도 이반하지 않기를 바란다. 그러나 전국시대의 상황은 끊임없는 전쟁과 쿠데타의 연속이었다. 그러한 정치적 상황에서 『한비자』와 같은 강력한 규제 방식과는 대척적인 방식을 추구하는 데 『노자』의 덕 개념이 성립한다. 그것은 곧 백성들에게 저항의 의지 자체를 발생시키지 않기 위해 제제와 간섭을 줄이고 저항을 유발시킬 집권자의 정책을 전면에 내세우지 않거나 또는 드러내지 않고 행사하는 정치적 기술로서 현덕이다.

『논어』의 덕: 인륜人倫

『노자』의 경우 그 저자가 누구인지 불명확하지만, 『논어』는 공구孔丘라는 역사적 인물과 그 제자들의 말로 구성된 것임을 명확히 알 수 있다. 다만 누가 언제 편집하였는지, 최초의 판본은 어떤 형태인지 불명확하다. 『노자』는 20세기 들어와 발굴된 출토본을 통해 그 원형을 알 수 있지만, 『논어』의 경우는 반고班固(32~92)가 『한서漢書』「예문지藝文志」에 기록한 내용을 토대로 추정하고 있다.[6] 반고의 시대에 이미 『논어』는 『논어고論語古』, 『제齊』, 『노魯』 등 세 종류의 판본이 있었고, 뒤의 두 판본에 대해서는 전문적으로 학설을 전수하는 계통이 있었음을 알 수 있다. 그러나 세 판본 중 원형 그대로 현재 전하는 것은 없다. 현재 우리가 읽고 있는 『논어』는 위魏 하안何晏(193?~249)의

6 물론 출토물도 있기는 하다. 가령, 1973년 하북성(河北省) 정현(定縣) 팔각랑(八角廊)의 제40호 한묘(漢墓)(서한 중산회왕(中山懷王) 유수(劉修)의 묘로 추정됨)에서 출토된 죽간 중에는 『논어』도 나왔는데, 현행본과 형태가 다르고 글자도 상당수 달랐다. 이 판본은 문물출판사(文物出版社)에서 1997년 『정주한묘죽간논어(定州漢墓竹簡論語)』로 간행되었다.

주도 속에 손옹孫邕, 정충鄭沖, 조희曹羲, 순의荀顗 등이 참여하여 이전의 주석들을 모아 취사선택하면서 새로 주석을 가한 『논어집해論語集解』에서 나왔다. 이 『논어집해』는 현재 통용되는 『논어』 본문의 원 텍스트라고 할 수 있다. 『논어집해』에는 포함包咸, 주씨周氏, 공안국孔安國, 마융馬融, 정현鄭玄 등 한대 학자들의 주석과 왕숙王肅, 주생렬周生烈, 진군陳群 등 위 시기 학자들의 주석이 채록되어 있다. 이 판본은 원래 10권으로 되어 있었는데, 후세에 20권으로 확대되었다. 10권으로 된 원 판본은 중국에는 없고 일본에 전수되어 현재 전한다.

『논어』는 처음에 제자서諸子書의 지위였지만, 한나라 때에는 유학이 관학官學, 곧 국가에서 왕실 자제들을 교육하고 관료를 선발하기 위해 세운 교육과정으로 채택되면서 오경五經과 겸해서 읽는 지위로 높아졌고, 성리학이 새로운 학풍으로 자리 잡는 송宋나라 이후로는 경經과 대등하게 되었고 실질적으로는 더 중시되었다고 할 수 있다. 성리학의 실질적 창시자라고 해도 과언이 아닌 북송北宋의 정이程頤는 17세 무렵 『논어』를 읽고 그 의미들을 다 알았지만, 이후 나이 들어가면서 계속 읽을수록 『논어』 구절들의 의미가 깊고 원대하다는 것을 깨달았다고 고백한 바 있다.[7] 이 말은 『논어』가 전통시대 지식인들에게 한두 번 읽고 넘어가는 것이 아니라 성찰적 독서의 대상으로 평생 반복해서 읽었음을 말해준다.

『논어』에서 덕은 인仁만큼 빈번하게 등장하는 용어가 아니다. 그러나 그 덕의 내용이 인이고, 다시 인의 내용이 효제孝弟라는 점을 고려하면, 덕은 주요 개념들 전체를 포괄하는 중심 관념의 하나라고 할 수 있다. 공자는 그 덕의 함의를 국가를 운영하는 방법의 측면에서 이렇게 말한다.

> 백성을 정치적 명령으로 이끌고 형벌로 통일하면, 백성들은 형벌을 받는 데에서 빠져나오면서 부끄러워함이 없다. 덕으로 지도하고 예로서 통일하면 백성들은 부끄러워함을 지니고 또한 자신을 바로잡는다.[8]

『노자』에서도 지적하였듯이, 『논어』에서도 법의 규정을 명확히 해서 질서를 바로잡으려 하면 백성들은 어떻게 하든 법망에서 빠져나와 자신의 잇속을 챙기려 하고 그런 자신의 행위에 대하여 부끄럽게 여기지 않는다고

---

7 정이의 이 말은 주희(朱熹)의 『논어집주(論語集註)』「서설(序說)」에 인용되었다.

8 『논어』「위정(爲政)」: 道之以政, 齊之以刑, 民免而無恥, 道之以德, 齊之以禮, 有恥且格.

지적한다. 그리고 그 대안으로 『논어』에서는 덕과 예禮를 들면서, 이 두 가지를 사용하면 강제하지 않아도 백성들이 스스로 부끄러워하고 자발적으로 잘못을 바로잡는다고 말한다. "덕德의 정치를 행하면 북극성에 대하여 뭍 별들이 향하듯"[9] 백성들이 자발적으로 따를 것이라고 말하며, 당시 정치적 효력에 대하여 의심하는 집권자에게 먼저 솔선수범하면 백성들은 마치 "바람이 불면 풀이 눕듯이"[10] 따라 할 것이라고 권하고 있다. 요컨대 『논어』에서의 덕은 정치적 측면에서 보면 백성들의 자발적 순응과 교화를 유도하는 방법에 주안점이 있으며, 정령과 형벌을 통해 이루려는 당시 집권자들의 견해에 반대하는 점에서는 『노자』의 덕 개념과 상통한다.

개인의 차원에서 볼 때 『논어』에서는 자신의 생명을 온전히 지키는 것보다 인이라는 가치의 수행을 우선시한다. 그래서 때로는 "자신의 생명을 해치면서라도 인을 이루려 할 때가 있지만, 구차하게 살아남기 위해 인을 해치려 할 때는 없다"[11]고 말한다. 그리고 그 인을 이루는 핵심적 방법은 자신의 개인적 의지를 버리고 예를 기준으로

9 『논어』「위정」: 爲政以德, 譬如北辰居, 其所, 而衆星共之.

10 『논어』「안연(顔淵)」: 君子之德風也, 小人之德草, 草上之風必偃.

11 『논어』「위령공」: 子曰, "志士仁人, 無求生而害仁, 有殺身以成仁."

자신의 처신을 행하는 것이라고 말한다.[12] 그리고 그 예를 수행하는 핵심은 예의 규정들을 능숙하게 행하는 데 있는 것이 아니라 상대에 대하여 친애하고 공경하는 의지를 예의 수행 속에 담아내는 것에 있다고 강조한다.[13] 요컨대, 『논어』 속에는 인간이 친애하고 공경하는 의지를 수행할 때 비로소 다른 개체들과 구분되는 인간의 정체성을, 또는 가치 있음을 획득한다는 관점이 밑바탕에 놓여 있다. 그 때문에 북송의 호굉胡宏은 덕을 획득하기 위해 힘쓰고자 할 때 효제가 바탕이 된다고 말하기도 하였다.[14] 곧 『논어』의 덕은 효제라는 가치를 추구하는 과정에서 획득되는 삶의 지평이며, 그 가치를 수행함으로써 자신에게 획득되는 결과요 효과이다.

성리학자 주희는 유학에서 덕의 의미를 도를 수행하여 마음속에 획득한 것이라고 정의하기도 하였다. 『논어』에서 보면 수행하는 도란 예를 비롯한 인륜의 덕목들이다. 그러한 덕목들을 잘 수행한 바람직한 인격은 곧 군자君子로 표현된다. 몇 사례를 들면 다음과 같다.

12 『논어』「안연」: 顔淵問仁. 子曰, "克己復禮爲仁."

13 『논어』「팔일(八佾)」: 子曰, "人而不仁, 如禮何? 人而不仁, 如樂何?"

14 『호굉집』: "孝弟, 務德之本."

군자는 옳은 것을 바탕으로 삼아 예(禮)에 따라 행동하고, 겸손한 태도로 자신의 견해를 제시하고 신실함으로 말한 바를 성사시킨다. 이것이 진정한 군자다.[15]

뛰어난 점을 훌륭하게 여기고 외모를 가볍게 여기며, 부모를 섬기는 데 자신의 힘을 다하고, 군주를 섬기는 데 자신의 능력을 다 바치고, 친구와 교제하는 데 성실함이 있으면, 비록 아직 못 배운 사람이라고 말하더라도 나는 반드시 배웠다고 할 것이다.[16]

첫 번째 인용문에서 '옳은 것[義]'은 '어진 것[仁]'과 짝을 이루는 주요한 덕목이다. 옳은 것은 주로 일을 할 때 일이 바르게 되도록 하는 의지이자 원칙이다. 그것을 구체화하는 것은 역시 예이다. 겸손한 태도는 곧 자신의 주장이 상대와 화합和合하려는 의지임을 보이는 것이요, 신실함은 자신에게 힘들어도 화합하기 위한 목표를 성사시키려는 의지이다. 그러한 의지를 실천하는 군자는 높고 고상한 처신에서 이루어지는 것이 아니라 부모, 군주, 친구

15 『논어』「위령공」: 君子義以爲質, 禮以行之, 孫以出之, 信以成之, 君子哉!

16 『논어』「학이」: 賢賢易色, 事父母能竭其力, 事君能致其身, 與朋友交言而有信, 雖曰未學, 吾必謂之學矣.

등 항상 접하는 대상들에 대하여 자신의 도리를 다하는 것에서 이루어진다는 점에서, 덕의 이룸은 곧 일상의 인륜 수행을 통해 획득되는 것임을 두 번째 인용문은 잘 말해준다.

『논어』의 이 관점은 『노자』에서 '전생'을 추구하는 관점과 일정한 차이가 있다. 『노자』에서 '인'은 하나의 특정한, 또는 가공한 지평에 있으며, 그로 인해 덕보다 낮은 단계에 있는 것이다. 인을 행위로 구체화하는 예는 더욱 낮은 단계이며 그 만큼 더 자신을 특정하게 국한시키는 것이 되어 덕을 잃게 하는 것이 된다. 곧 『노자』에서는 특정한 가치를 기준으로 삼는 입장에 대하여 근본적으로 경계한다. 『노자』에서는 가치를 생명을 온전히 보전하기 위한 방편적 수단으로 그것도 매우 위험한 수단으로 여기면서 특정한 가치에 치우치거나 빠지지 않도록 경계한다. 『노자』에서 생명을 보전하는 것, 전생은 가치라기보다 현실의 불가피한 조건으로부터 발생하는 필연적 현상이다. 『노자』는 이 불가피한 조건이 왜 주어진 것인가에 대하여 질문하지 않고, 이 조건으로부터 출발하여 방법을 추구한다. 이러한 이해는 사실 『한비자』를 비롯하여 당시의 주류적 입장을 반영한다.

『노자』에서는 인이라는 특정한 입장에 입각하여 백성

을 대하는 수준에서 벗어날 때 백성들에게 더 이익이 된다고 말한다.[17] 말하자면 '인'으로 정치를 하는 것은 자신을 덕스럽게 보이는 정치 방식의 하나에 불과할 위험성이 있는 것이다. 따라서 인정仁政은 덕의 정치를 잃은 뒤에 나타나는 것으로 인정이 구체화된 예치禮治는 결국 화란을 초래할 위험성이 있는 것으로 평가한다.[18] 따라서 『노자』에서 그려지는 이상적 집권자는 인을 내세우지 않고, 특정한 입장에 서지 않는다는 점에서 백성들에 대하여 애정을 부여할 필요가 없는 방편적 수단으로 대하듯이 처한다. 그것은 마치 천지가 만물의 신진대사에 대하여 그 어떤 존재에 대해서도 특별히 호오好惡의 의지를 보이지 않는 것과 같은 태도이다.[19] 그것이 『노자』에서 곧 상덕上德이요 현덕의 정치가 된다.

『노자』와 『논어』의 덕 개념이 달라지는 점은 예에 대한 태도에서 명확히 드러난다. 『논어』에서 덕은 보고 듣고 말하고 행동하는 모든 활동을 자신의 개인적 의지를 넘어서 항상 효제로 압축되는 예를 기준으로 수행할 때

17 왕필본 『노자』 19장: 絶聖棄智, 民利百倍. 絶仁棄義, 民復孝慈.

18 왕필본 『노자』 38장: 失德而後仁. 失仁而後義. 失義而後禮. 夫禮者, 忠信之薄, 而亂之首.

19 왕필본 『노자』 5장: 天地不仁, 以萬物爲芻狗. 聖人不仁, 以百姓爲芻狗.

획득된다. 반면 『노자』에서 덕은 처한 상황에 따라 자신의 위치를 변화시켜가며, 상대에게 저항을 야기하지 않고 제어해내는 것을 지속할 수 있을 때 덕이 확립된다. 그 점을 『노자』에서는 "최상의 탁월함은 물과 같이 행한다[上善若水]"고 표현한다. 그리고 그러한 탁월함의 덕이 무너지는 표징이 드러나는 곳이 바로 예를 내세울 때라고 여긴다. 예가 내세워지는 것은 『노자』에서 "충실하고 신실한 것이 엷어지는 표징이요 분란이 시작되는 표징"[20]이다. 이는 예가 이미 분란이 시작되었기 때문에 내세우는 것이요, 예를 내세울수록 분란을 치유하지 못할 뿐 아니라 오히려 조장하고 호도하는 역설적 귀결에 빠진다는 성찰이다.

이처럼 『노자』에서 낮게 부정적으로 평가되는 예가 『논어』에서는 사욕私欲을 교정하는 기준으로, 그리고 법의 강제성을 극복하는 자발성의 텃밭으로, 나아가 다른 개체들과 구별되는 인간의 정체성을 담아내는 근거로, 모든 정치체제가 지향하는 본질로 옹호된다. 유학을 예교禮敎, 곧 예의 가르침이라고 특징짓는 이유이다. 『노자』의 소국과민小國寡民 구상에는 인간이 주어진 환경에 만족하여 질박

20 왕필본 『노자』 38장: 忠信之薄, 而亂之首.

하게 살아가는, 어찌 보면 문화 이전의 삶의 방식을 긍정하는 문법이 발견되지만, 『논어』에서는 그러한 삶을 동물적 생존으로 이해하면서 인간의 사회는 그러한 동물적 생존에 인륜人倫이라는 문화를 가함으로써 인간의 정체성을 획득한다고 강조한다. 따라서 부모에 대하여 '공경하는 인륜 의식'을 가지지 않는다면 부모에게 물질적으로 아무리 봉양을 잘하더라도 동물적 생존에서 한 치도 벗어날 수 없다고 경계한다. 또한 하夏, 은殷, 주周 삼대의 역사를 살펴볼 때 여러 제도의 변화에도 불구하고 일관되게 계승하는 것이 바로 인륜으로서의 예라고, 이후 인간의 역사에서 어떤 변화에도 불구하고 계승되어야 보편성을 지니는 것이 바로 이 예라고 역설한다.

두 덕의 특성과 한계

그렇다면 『노자』와 『논어』의 덕 개념은 현대사회에 어떤 의미를 가질 수 있을까? 이 점에 대한 답변은 쉽지 않겠지만, 몇 가지 생각해 볼 시선들이 있다. 먼저 덕스럽지 않음을 덕으로 삼는 『노자』의 역설적 문법 근저에는 자신이 처한 상황에 국한되지 않으려는, 나아가 특정한 입장에 치우치지 않으려는 노력이 있다. 그 노력 속에는 특정한 입장이 지니는 국한성 내지 고정성이 상호 제어적 상황에서는 상대에게 제어당하거나 저항을 야기하는 요인이 된다는 성찰이 담겨 있다. 그러한 성찰은 한편으로, 모든 입장들을 임시적 방편으로 간주함으로써 어떤 입장 내지 이념이 중심이 되거나 또는 이데올로기화되는 것에 대하여 경계하고 저항할 수 있게 해준다. 곧 모든 이념들로부터 자유롭게 해주는 지평이 있다. 그리고 또 한편으로는, 특히 정치적으로는 자신의 정치적 처신과 행위를 저항을 불러일으키지 않도록 조심하면서도 한편으로 자신이 제어해야 할 상대에게 저항의 의식을 야기하는 원초적 소지 자체를 제거하려는 노력이 가해질 때, 우민화와 같은 매우 적극적인 파시즘적 폭력으로 변질되어 나타난다. 말하자면 『노자』의 덕 속에는 특정 이념에 대한 종속으로부터 벗어나는 자유의 지평과 동시에 저항적 성찰 의식 자체를 무력화하는 전체주의적 지평이 양면처럼 붙어다니고 있다. 집권자가 행사하는 이념의 폭력에 맞설 때에는 『노자』의 덕은 이념의 절대성을 주장하는 것에 대한 경고와 저항이 되지만, 거꾸로 그러한 저항과 경고를 유발시키지 않기 위해 집권자가 이념의 수단을 은폐시킬 때에는 피치자의 각성을 마비시키는 은밀한 수단이 되었던 것이고 현재에도 그렇게 이용될 수 있다.

또 하나 『노자』의 덕 개념 중심에 각인되어 있는 전생의 관념에는 인간의 존재 상황에 대한 특정한 인식이 담겨 있다. 그것은 인간을 포함한 자연 세계를 일종의 상호제어적인 존재 상황으로 이해하는 관점이다. 곧 승패 내지 상쟁적 상황에 인간이 놓여 있으며, 그런 상황에서 인간은 자신이 제어자가 되고 또 그 제어자의 지위를 지속하지 않으면 곧바로 제어당하는 위치로 전락하게 되는, 따라서 생명이 붙어 있는 한 고단한 상쟁적 투쟁을 진행하지 않으면 안 된다는 성찰이다.

그러나 『노자』는 그런 고단한 존재상황이 왜 발생하였는지, 어떻게 주어졌는지 묻지 않는다. 존재상황 자체에 대한 질문이 없다는 것은 바로 『노자』가 지닌 한계처이다. 이 점은 정치적 상황에 대한 이해에서도 마찬가지다. 『노자』에서 백성의 자연적 순응을 바람직한 정치로 추구하는 근저에는 집권자와 백성의 사이를 대립적 제어 관계로 이해하는 입장이 전제되어 있다. 곧 백성들의 기본 성향을 틈만 있으면 국가의 관리망으로부터 벗어나 자신의 이해를 추구하는 것으로 파악하는 관점인데, 이러한 인식은 『한비자』 등 당시 개혁적 사상들에서 공통적으로 발견되는 인식이다. 강력한 군사력을 확보하기 위해 백성들을 생산과 전쟁에 효율적으로 동원하는 체제를 구축하는 것에 골몰하던 전국시대 변법가들 그리고 그 개혁을 이끌던 집권층은 백성의 본성에 대하여 전쟁과 생산의 이중부담에 대하여 늘 이탈하려는 경향이 있는 존재로 파악하고 있다. 요컨대 존재 상황을 상호 대립적인 제어를 위한 긴박한 투쟁 현장으로 이해하는 것에는 역사적으로 전국시대 집권층이 군사국가 체제를 수립하기 위해 백성들을 관리하려는 문제의식이 담겨 있으며, 근저에 인간과 자연의 존재 상황을 상호 제어적 경쟁 관계로 전제하는 『노자』의 성찰도 이로부터 나온 것으로 생각된다.

『논어』의 덕 관념의 실제 내용으로서 일관하고 있는 친애와 공경의 인륜 의식에는 종宗이라는 사회구조를 토대로 구성된 문화적 특성이 담겨 있다. 사회적 제 관계가 물리적 강제를 통해 상호 불안정한 상태로 운영되는 것에 대한 대안으로 종 또는 가家의 집단에서 발견되는 자발적 관계의식을 토대로 사회를 구성하려는 의지, 곧 물리적 힘의 지배를 넘어선 자발적 연대의 사회적 관계를 이루어내려는 의지이다. 그리하여 『논어』에서 친애[孝]와 공경[弟]이 인의 근본으로 설정되는데, 이후 『맹자孟子』에 이르면 인간의 자연적 본성으로 제시되고, 송학宋學에 이르면 인간과 자연 전체를 포괄하는 천리天理로서 재정의된다.

한편, 『논어』를 비롯한 유가학파가 인간사회의 근거로 삼는 친애와 공경의 자발적 의식에는 혈연이라는 자연적 조건과 신분이라는 사회적 조건을 인간에게 본래부터 주어진 구조적 바탕으로 이해하면서 무반성적으로 받아들이는 측면이 있다. 이에 대해서는 이미 묵가墨家학파를 비롯하여 여러 학파에서 문제를 제기하였지만, 전근대시대 내내 불철저하게 검토된 한계처였고, 결국 인간의 동등함과 독립성에 기초하는 서구적 근대 체제에 의해 패러다임 자체가 전복되는 결과를 가져왔다. 그 결과 동아시아 사회구성의 원리로서 군림하였던 친애와 공경을 바탕으로 하는 이른바 강상綱常은 현대 사회에서 무력한 사적 도덕으로 물러나게 되었다. 불철저하게 검토되었고, 근대 이후 일방적으로 버려진 강상의 원리는 우리에게 여전히 새로운 방식의 독해를 필요로 하는 숙제가 되고 있다.

『논어』의 덕 개념 근저에도 국가 또는 집권자가 백성을 어떻게 다루어야 할 것인가 하는 문제의식이 자리하고 있다. 그 문제의식은 국가가 물리적 폭력을 행사하거나 또는 제반 법적 규정의 성문화를 통해 백성을 이끌 때 발생하는 부정적 효과에 대하여 어떻게 극복할 것인가 하는 관점에서 접근된다. 물리적 폭력이나 법의 성문화를 통해 백성을 통합하고 지배하는 것에 대하여 비판하는 점에서는 『노자』의 덕과 마찬가지이다. 그러나 『노자』에서는 물리적 폭력이나 법적 성문화 자체가 가지는 국한성 내지는 저항 유발성에 경계의 중심이 놓여 있지만, 『논어』에서는 그러한 방식이 강제성을 수반하기 때문에 백성의 자발성을 획득할 수 없다는 것에, 곧 일시적으로 지배할 수 있지만, 그 지배는 우월한 힘에 대한 어쩔 수 없는 굴복일 뿐이어서 지속성을 가지기 힘들다는 데 비판의 핵심이 놓여 있다. 이로부터 백성이 자발적으로 집권자의 의지 또는 국가의 의지에 따르고 참여할 수 있는 방법을 추구하는 데 그 근거를 인륜 의식에서 발견한다.

이러한 『논어』를 비롯한 유가학파의 인륜정치론에는 인륜 의식을 백성에게 요구하기 이전에 집권자 측에 요구하는 특징이 있다. 물론 백성들에게 인륜을 가르치는 교화를 정치의 주요 부분으로 강조하지만, 그 교화를 위한 선결 조건으로 집권자측이 인륜 의식에 따른 권력행사를 해야 한다는 것을 덕치德治의 개념으로 담아내고 있다. '덕으로 이끈다'는 것은 곧 집권자가 덕을 먼저 닦아야 하며, 그 덕은 곧 인륜을 집권자 자신이 먼저 실행하는 것이다.

이러한 요구는 집권자가 덕을 실행하지 않을 때 집권자로시의 자격을 상실한다는 정치론을 탄생시켰고, 그 결과 반인륜적 집권자를 퇴출시키는 것에 대하여 합법화하는 이른바 역성易姓혁명을 정당화하는 문법을 탄생시켰다. 『맹자』에는 어떤 제도의 수립보다 '집권자의 의식을 교정하는 것' 곧 집권자가 인륜을 충실히 수행하는 의식을 가지게 하는 것이 지식인의 가장 우선적인 정치적 책무라고 제시되어 있다. 집권자에 대한 인륜적 덕의 요구는 동아시아 사회에서 권력의 집중과 자의적 행사에 대하여 합법적으로 저항하는 토대를 만들어주었고, 비교적 장기적으로 안정적인 정치체제를 유지하는 것을 가능케 한 하는 요인이 되었다.

그러나 동아시아 역사 내내 현실 정치에서 집권자에 대하여 덕을 요구하는 것은 늘 일정한 한계에 부딪쳤다. 그 한 이유는 현실의 역사에서 인륜의 덕을 아버지가 자식에 대해 또는 신분이 높은 측이 낮은 측에 대하여 수행하는 측면보다 자식이 아버지에 대하여 신분이 낮은 측이 높은 측에 대하여 수행하는 측면에 중점을 두어 전개하여 갔기 때문이다. 인륜의 근간을 이루는 친한 이를 가까이 하고[親親-孝] 신분이 높은 이를 존중하는[尊尊-弟] 이념 자체가 아랫사람이 윗사람을 향한 태도에 중심이 두어진 구조인데다가, 한대의 집권층은 오륜과 결합하여 삼강三綱의 인륜을 제시함으로써 군주[君], 부친[父], 남편[夫]으로 수렴되는 위계적 체제의 형태로 유교사회의 틀을 구축하였다. 그리고 이후의 동아시아 역사에서 오륜의 쌍무적 관계의식은 항상 삼강이라는 기본틀 위에서 그 의미가 부여되는 형태로 전개되었다. 따라서 예라는 인문人文으로서 형刑이라는 폭력적 지배의 한계를 극복하고자 하는 노력들은 가부장사회의 위계적이고 폭력적인 체제를 정당화하는 틀에서 전개되는 근본적 한계를 벗어나지 못하였다. 따라서 인의仁義의 덕을 집권층에게 요구하는 것은 집권층 자체의 각성과 변화를 가져다주기보다 실제로는 군주와 부모에 대하여 관료와 백성들에게, 또는 남자에 대하여 여자에게, 인의仁義의 덕을 따라 자발적으로 순응하도록 유도하는 효과적 수단이 되었을 뿐이었다.

문명적 전환을 겪은 뒤 우리 동아시아 사회는 체제의 패러다임 자체가 완전히 서구화되는 형태로 재편되었다. 그러나 우리가 채택한 또는 채택당한 이른바 민주주의 체제는 개인의 인권과 공동체의 공존 사이에서 다양한 문제를 노출하고 있다. 개인은 자유를 획득하였지만 대신 자유를 향유할 능력이 결핍되었을 때, 누리고 싶은 삶으로부터 소외되는 존재로 전락하는 구조적 결함은 여전히 극복되지 않고 있다. 정치공동체의 차원에서도 집권층의 부패와 폭력을 막아내는 것은 여전히 무겁고 중요한 과제로 남아 있다. 나아가 21세기 인류가 직면하는 사회적 문제들은 일국적 차원을 넘어서는 문제들이 많다. 기상이변뿐 아니라, 경제적 양극화, 인종과 문화 사이의 갈등 등 인류 사회 내부의 문제들도 공통의 지혜를 요구하는 것이 많다. 『노자』와 『논어』에 담긴 덕에 대한 성찰이 이러한 현대의 문제들을 치유하는 데 어떤 유의미성有意味性을 가질 지 이제 좀 더 숙고해 보아야 할 때이다.

더 읽어볼 책들

- **김경탁 옮김, 『老子』, 玄岩社, 1977.**

왕필본 『노자』를 충실하게 우리말로 옮긴 책이다. 현재 시중에서 가장 많이 통용되는 왕필본 『노자』를 이해하는데 도움이 된다.

- **최진석 역주, 『노자의 목소리로 듣는 도덕경』, 소나무, 2001.**

베이징대학교에서 도가철학으로 학위를 취득한 도가 전문학자가 『노자』를 역주한 것이다. 왕필본의 순서에 따라 역주하면서 곽점에서 출토한 죽간본과 마왕퇴에서 출토된 백서본을 함께 고려하여 원의를 되살리려는 취지에서 역주하고, 저자 자신의 소견을 해설로 붙였다. 따라서 여러 판본을 고려하여 『노자』의 취지를 종합적으로 이해하고자 할 때 유익한 책이다.

- **이석명, 『백서 노자』, 청계, 2003.**

마왕퇴에서 출토된 백서본 『노자』의 체제를 기본으로 삼고 곽점에서 출토된 죽간본, 그리고 현재 통용되는 왕필본 『노자』를 비교하면서 역주한 책이다. 세 가지 판본의 원문이 다 나와 있고, 저자가 자세히 비교해서 설명하고 있어, 『노자』를 좀 더 전문적으로 독서하고 싶은 이에게 적합하다. 저자는 고려대에서 도가사상으로 학위를 취득한 도가철학 전문학자로, 베이징에서도 연구한 경험을 가지고 있고, 『회남자』도 역주하였다.

- **성백효 역주, 『논어집주』, 전통문화연구회, 1990.**

주희의 『논어집주』를 완역한 책이다. 주희는 성리학을 집대성한 남송의 학자로, 『논어』에 대한 북송 학자들의 연구를 종합 수렴하고 그 이전의 역대 주석도 함께 고려하면서 주석하였다. 조선시대 『논어』를 읽을 때 기본적으로 읽었던 책이며, 동아시아 사회에서 가장 널리 읽힌 책이다. 『논어집주』를 읽으면 송대 성리학자들의 『논어』에 대한 해석을 풍부하게 이해할 수 있다. 역주자는 현재 한국고전번역원에서 한학을 교수하고 있는 저명한 한학가이다. 번역이 매우 정밀하여 『논어』 뿐 아니라 한문을 공부하려는 이에게 적합한 책이다.

- **동양고전연구회 역주, 『논어』, 지식산업사, 2002.**

동양철학을 전공하는 전문학자들이 공동으로 『논어』를 역주한 것으로 주희의 『논어집주』를 비롯하여 역대의 여러 주석서를 함께 고려한 번역서이다. 『논어』에 대한 역대 주석을 종합한 바탕 위에서 선택된 역주이므로 『논어』의 문맥을 종합적으로 이해하는 데 도움 되는 바가 큰 책이다. 주희의 『논어집주』에서 탈피하여 『논어』를 독서하고자 하는 이에게 일독을 권하고 싶다.

- **H. G. 크릴, 이성규 옮김, 『공자—인간과 신화』, 지식산업사, 2004.**

『논어』와 관련 사서를 바탕으로 공자의 철학적 정신과 『논어』의 편제 및 내용의 진위에 대하여 상세히 밝힌 개론서이다. 번역이 매우 정확하게 되어 있어 읽는 데 아무 걸림이 없으며, 내용이 평이하면서도 충실하여 독자들이 『논어』와 공자의 사상을 이해하는데 도움 되는 바가 큰 책이다. 또한 책의 뒤편에 유교가 유럽문화에 미친 영향도 함께 기술하고 있어 유교문화가 유럽지성사에 끼친 영향을 이해하는 데에도 도움이 된다.